芯片的未来

半導体超進化論：世界を制する技術の未来

制衡世界的技术

[日] 黑田忠广 著　陆应亮 译
Tadahiro Kuroda

浙江人民出版社

图书在版编目（CIP）数据	浙江省版权局著作权合同登记章图字：11-2023-343号

芯片的未来：制衡世界的技术 /（日）黑田忠广著；陆应亮译. — 杭州：浙江人民出版社，2024.1
ISBN 978-7-213-11269-0

Ⅰ．①芯… Ⅱ．①黑… ②陆… Ⅲ．①半导体工业—产业发展—研究—日本 Ⅳ．①F431.366

中国国家版本馆CIP数据核字（2023）第222879号

HANDOTAI CHO SHINKARON SEKAI WO SEISURU GIJYUTSU NO MIRAI
written by Tadahiro Kuroda.
Copyright © 2023 by Tadahiro Kuroda.
All rights reserved.
Originally published in Japan by Nikkei Business Publications, Inc.
Simplified Chinese translation published by Zhejiang People's Publishing House, Co., LTD.

芯片的未来：制衡世界的技术
XINPIAN DE WEILAI: ZHIHENG SHIJIE DE JISHU

[日] 黑田忠广 著 陆应亮 译

出版发行：浙江人民出版社（杭州市体育场路347号 邮编：310006）
　　　　　市场部电话：(0571) 85061682 85176516
责任编辑：齐桃丽
策划编辑：陈世明
营销编辑：陈雯怡　张紫懿　陈芊如
责任校对：杨　帆
责任印务：幸天骄
封面设计：海云间
电脑制版：北京之江文化传媒有限公司
印　　刷：杭州富春印务有限公司
开　　本：710毫米×1000毫米　1/16　印　张：15
字　　数：156千字　插　页：2
版　　次：2024年1月第1版　印　次：2024年1月第1次印刷
书　　号：ISBN 978-7-213-11269-0
定　　价：58.00元

如发现印装质量问题，影响阅读，请与市场部联系调换。

推荐序一

《芯片的未来：制衡世界的技术》这本书，首先吸引我目光的是作者的名字"黑田忠广"（Tadahiro Kuroda），这正是我多年的老友黑田教授，我便先睹为快地翻阅了书稿。

我与黑田先生相识于20余年前，相遇多是在各种国际学术会议期间。我们曾同期服务于IEEE（电气与电子工程师协会）国际固态电路会议(International Solid-State Circuits Conference，简称ISSCC)，担任其国际技术委员会（International Technical Program Committee，简称ITPC）成员；我们曾与亚洲的同行一起，合作创办了IEEE亚洲固态电路会议(Asian Solid-State Circuits Conference，简称A-SSCC)，这个会议每年举办一次，由中国大陆、日本、韩国和中国台湾轮流举办。

关于我与黑田教授之间的合作，记忆更深的事是我们共同创

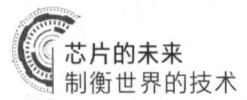

办了一个中、日、韩三所大学在校研究生参与的、小型闭门式的学术研讨会——KKT Workshop。这个学术研讨会由黑田教授、柳会俊（Hui-Jun Yoo）教授和我筹集资金，韩国 KAIST 大学、日本庆应大学和我国清华大学的在校研究生共同参与，这三所大学每年轮流举办一次。

20年前的2003年，时任日本庆应大学教授的黑田先生、韩国 KAIST 大学教授柳会俊先生和我，在参加 ISSCC 会议期间有多次深入的讨论，并形成了一个共识：未来世界的集成电路行业的重心将移向亚洲，未来亚洲的青年人将在世界集成电路行业中起着重要的领袖作用。我们三个人，都从教于亚洲集成电路设计行业著名大学，都在培养亚洲最勤奋、最聪明、最有创造力的学生，如果我们能使我们的学生，在他们的职业生涯的起点——研究生期间——就能相互了解，轮流到中国大陆、韩国和日本参加讨论会，欣赏不同国家美丽的风景和独特的文化，与不同背景的学生交流经验，从而丰富生活、学习知识、广交朋友，那么数年之后，这些学生进入工作岗位，无论成为行业内的合作者还是竞争者，都会对亚洲集成电路产业的发展有莫大的好处。这对研究生们的成长具有重要的作用。迄今为止，此小型研讨会持续了20多年。其间只有两个变化：一是新冠疫情期间，研讨会临时改为线上举办；二是黑田教授从庆应大学转到东京大学，庆应大学的学生换成了东京大学的学生。

推荐序一

　　2003年，在讨论创办KKT Workshop时，我们留下了一张在美国参加ISSCC期间相聚的生活照（见图1）。试想亚洲三个国家的教授，在美国参加国际会议期间，使用着第四国的语言——英语，讨论着欧美人发明的集成电路，在讨论过程中针对讲不清楚的地方写着古老的汉字或英文单词，讨论着亚洲集成电路产业的未来技术、未来人才，这是多么令人难忘的画面。从20年前的这件事情，我也可以了解黑田教授对集成电路行业的视野及远见。如今的国际形势与20年前大不相同，中国及亚洲的集成电路设计能力也与20年前有天壤之别。早期参加KKT Workshop的人，现在很多已经成为大学教授、产业领袖。2003年，中国及

图1　黑田忠广教授（左）、柳会俊教授（中）和王志华教授（右）

03

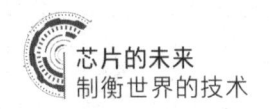

日本、韩国在ISSCC上作为第一作者发表论文的篇数为55篇（中国大陆占1篇，日本占33篇，韩国占18篇，中国台湾占3篇）；而2023年，上述国家及地区发表论文的数量达到了124篇（中国大陆占59篇，日本占10篇，韩国占32篇，中国台湾占23篇），占据了ISSCC发表论文数量的一半。这个进步中一定有黑田教授、柳会俊教授和我本人的贡献。

在与黑田教授相识、相知、合作的过程中，我了解了黑田教授的学术视野、学术指向和学术能力，在这种背景下阅读黑田教授的大作《芯片的未来：制衡世界的技术》，自然有他人无法企及的体会和心得。

黑田教授的新作，首先从"深度摩尔"（More Moore）和"超越摩尔"（More than Moore）的视角，阐述了如何制造高性能的半导体；接着从创新的视角，即从"更多人"（More People）的视角，去思考高性能的半导体可以创造出什么。从本书中，读者可以知道半导体晶体管和集成电路的起源、集成电路对工业及社会的影响、集成电路的未来，以及日本产业界在制造更高性能集成电路方面的持续努力和期望，也可以知道以东京大学为代表的缩短设计周期的努力。如今，集成电路依然是成长型行业，全球半导体市场从占全球GDP（国内生产总值）的0.2%增长到了0.4%，并迅速向占全球GDP的0.6%迈进。另外，日本政府已经作出决定：以国家命运为赌注，将其押注到半导体产业的复兴上,并将全力以赴。除日本之外,美国与欧盟相继推出了振兴域内芯片产能的法案,也有将芯片制造业回流至其地域范围,以及摆脱对亚洲制造业依赖的计划。"芯片"已经冲破专业的科学领域范畴,逐渐进入人们的日常话题之中。

这本书给出的是以黑田教授视角下的日本半导体产业发展的建议,书中很多建议已经转为行动。黑田教授认为:半导体是一个庞大的技术堆积体,超过了任何单个企业或国家所能承受的程度,应该将其视为全球公共资产;不应该煽动芯片战争,而应该构建芯片网络;随着技术日益复杂化,人们不能只看到树木,而忽视了森林。培养森林,也就是创建一个丰富的产业生态系统,是我们现今世界面临的任务。"它山之石,可以攻玉。"期望黑田教授的这本书可以给国内读者以启迪。集成电路行业的从业者、产业链上下游的从业者、政策制定者及投资者,都应该阅读这本书。

王志华

清华大学集成电路学院教授

2023 年 11 月

推荐序二

昔日王者的雄心

我一直惦记日本半导体产业，对其兴趣远胜对硅谷的憧憬和向往。日本半导体产业既有霸占世界半导体王座7年（1985—1991）之辉煌，亦有走下神坛打落尘埃30余年（1992—2023）之悲伤。我有近20年半导体产业阅历，领悟到硅谷模式实难以复制，然日本模式可资学习。昨天的日本，曾一手打造了让美国感到深深威胁并痛下杀手阻击的庞大半导体帝国。放眼全球，日本半导体这一"舍得一身剐，肆把美国半导体拉下马"的赫赫战绩，实乃前无古人，后无来者。

日本与中国一样，属于政府驱动新兴产业前行的东亚模式，

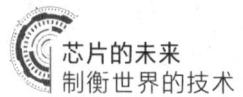

日本政府曾综合运用外资政策、产业政策与科技政策，学习、引进、模仿、改进美国先进技术，形成了独特的半导体技术创新体系和完备产业体系，对今日之中国颇有借鉴意义。由于惦记日本半导体产业，我过去几年都在找一本可以全面了解和分析日本半导体产业的图书，未能如愿。最终，我选择与盖添怡女士在2023年合著出版《芯镜》，尝试从中国人的视角去看日本半导体产业70年的起起落落，也广泛探讨了对中国发展半导体产业的启发。

后来，欣闻浙江人民出版社引入了日本VLSI（超大规模集成电路）研讨委员会主席黑田忠广先生的著作《芯片的未来：制衡世界的技术》，我第一时间就联系出版社拿到了译稿，用了一个晚上通读了全书。

这是一本着眼日本半导体今天和未来的专业著作。

今天的日本，难以割舍30年前曾经雄踞全球半导体宝座的王者荣耀。本书镜头，正是从芯片公司Rapidus（拉辟达斯）切入。这是一家肩负日本高端先进工艺制造使命的新设企业，其技术定位，要与美国英特尔、中国台湾台积电、韩国三星电子的先进工艺制程竞争。日本并没有选择与后者三家之一进行战略合作，而是宣布与已经约20年没有大规模芯片制造经验的美国IBM（国际商业机器公司）达成合作伙伴关系。听起来，日本负责资金、场地、量产团队，用美国IBM宣称已经掌握的2纳米工艺部署新一代半导体的大规模量产。

日本半导体的未来在哪里呢？Rapidus被寄托了日本对先进工艺制造的遐思和期待，而这本书之后又了用了大量的篇幅，讲述了全球半导体发展的众多方向。面对日本半导体在通用芯片领域已经被甩下30年的尴尬境地，作者也不敢轻下结论判断Rapidus能重拾辉煌，而是寄望于日本在专用芯片方向能有所作为。从人工智能芯片到3D（三维）制造和先进封装，再到同步设计、异步设计，作者发散性地介绍了不少日本可能的机会，不一而足。然而，这本书对日本半导体产业的未来，并没有明确地给出结论性的文字。对于半导体这么复杂的事物以及全球竞争合作这么庞大的体系，作者还是把问题留给了读者，这本书则是给读者提供了思考的部分框架。

我建议大家结合当前全球环境阅读这本书。基于众所周知的原因，日本今天不太会公开挑战美国的半导体战略地位，这导致作者对于日本全球产业链中的位置，略显语焉不详。我理解，这是日本在国际上特别是在日美关系中特殊定位的一个结果。此外，日本与美欧经济和产业关系紧密，作者反复提及不要去（与美国）争夺霸权，而是通过推进"半导体民主化"，把半导体变成世界的共享资产，使之成为全人类的共有财富，从而创造出更加多样化的芯片，引领世界走向繁荣。中国的读者，需要结合当前国内外复杂的政治、经济和半导体产业环境，有所思考和鉴别，

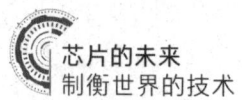

以更清晰地认知中国半导体的境况，找到我们的机遇和出路。

乐为之序。

冯锦锋博士

半导体产业专家

2023 年 11 月

推荐序三

凭借集体智慧的积累、科研技术的不断突破，人类由狩猎社会进化为农耕社会，再进阶为工业社会及演变为信息社会，让我们能享受生活环境改善及经济发展的丰盛成果，但同时也带来了一系列的挑战，比如贫富悬殊、能源危机、各式各样的环保问题。众多前沿科技的应用更需要极为庞大的算力，由通用芯片到自主开发的专用芯片，庞大的算力又需要大量的电力能量来支撑。作为第四次工业革命的一部分，日本政府提出"社会5.0"的概念，希望将社会和科技发展相结合，打造一个更有智慧、更可持续的社会。

在我的记忆中，我阅读过5本日本（包括日本裔）作家的著作：索尼公司共同创办人盛田昭夫和他人合著的《日本制造》、三岛由纪夫的《金阁寺》、罗伯特·清崎的《富爸爸穷爸爸》、

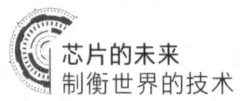

太田泰彦的《半导体地缘政治学》，以及这本由黑田忠广教授撰写、陆应亮博士翻译的《芯片的未来：制衡世界的技术》。

黑田忠广教授的写作风格充满了日本特色，细致入微地记录和描述了各种事件、人物、地点和时间，仿佛在银幕上展开一幕幕生动的画面，让读者身临其境。相较于我近期阅读的其他以芯片竞争为主题的书籍（包括来自美国、日本、中国的作品），黑田忠广教授更有系统地把时间轴井井有条地划分，比如由物理空间到虚拟空间，在每阶段巧妙地配合相关技术的详细解释，以大量虽然复杂但容易理解的统计数据作为依据，让读者们充分了解科技发展的历史及前因后果（欲知前世因，今生受者是），同时也可以预见将来，勾画出未来的蓝图（欲知未来果，今生作者是）。

从"摩尔定律"到"深度摩尔"和"超越摩尔"，我们见证了科技进步的惊人速度。比如，美国发明家和科技先驱雷·库兹韦尔（Ray Kurzweil）所提出的"库兹韦尔的加速回报定律"（Kurzweil's Law of Accelerating Returns）所描述的，技术进步的加速度与其带来的回报之间的关系并非线性，而是呈指数级的增长。各个科技领域的进步相互影响、相互推动，形成了一种加速的效应。如果将这种趋势回溯到更早期的晶体管、真空管、继电器和机电计算机的时代，我们就会发现集成电路的"摩尔定律"只是这个漫长历程中的一个阶段。

随着时间的流逝，技术创新以越来越快的速度涌现，并且在更短的时间内产生深远的影响。科技的步伐不断前进，人们可以收获的回报也日益丰厚。这是因为新技术的出现会为我们带来更高效、更便捷、更具创造力的解决方案，从而改变了社会、经济和个人的方方面面。由计算机之父的冯·诺依曼架构到神经网络算法，配合3D集成技术和芯粒（Chiplet）架构的发展，我们期望半导体技术的突破和应用，能为我们铺就一条通往高智慧且可持续的社会的道路。

日本的半导体发展之路并非一帆风顺。20世纪80年代，美国迫使日本签订《美日半导体协定》并发起"301调查"，以及日本、联邦德国、美国、法国和英国签署的《广场协议》，都对日本的半导体行业、电子产业乃至整体经济产生了长远和深层次的影响，这些对其他国家来说都具有极高的借鉴价值。

黑田忠广教授将"芯片战争"与"半导体民主主义"比喻为一枚硬币的两面。然而，我期望这枚硬币的两面都是"半导体民主主义"，不要战争。我期待全球各地的科学家、工程师、研究人员和从业人员一起努力，共同创造一个丰富多元的产业生态系统，共同构建人类命运共同体。

We can not solve our problems with the same level of thinking that created them.（我们无法在制造问题的同一思维层次上解决这个问题。）

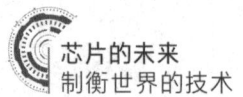

虽然没有确凿的证据表明上述这句话出自爱因斯坦之口，但从这个思考方向出发，我们可以看到，现如今的半导体已经无法满足我们在技术上的需求和解决各种科技应用上的挑战。我们需要在半导体技术之后寻找新的突破，这样才能为我们构建一个更美好的未来世界。这是一个理想，也是我们共同的追求。

麦满权

安森美半导体亚太区前副总裁

2023 年 11 月

推荐序四

了解日本半导体技术、政策的简便途径

自约瑟夫·拜登在2021年成为美国总统后，中美竞争从唐纳德·特朗普任美国总统（2017年1月20日—2021年1月20日）时的贸易战，转为以半导体为主的高科技战。半导体改变着中美关系，也深深地影响了日本的相关产业。日本曾经是半导体产品的最大生产国，现在则是重要的设备提供国之一。了解了日本的半导体技术、政策，我们就能对今后中美高科技竞争、世界半导体产业趋势作出较为清晰的判断。

作为曾经的半导体强国，日本在看到中美高科技战愈发激烈时，当然希望有新机会在未来恢复强国地位。这不仅出自自身产

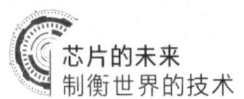

业的需要，也是提升日本外交能力的重要手段。日本舆论对这个新机会极为重视，报纸杂志不断有相关的重头文章刊出，出版社也出版了大量的半导体相关图书。媒体人写作的书自然好读，但他们难免对产业了解不深，对政策一知半解；而技术及生产一线的人写出的相关图书，由于他们深知日本半导体产业二三十年来连战连败，哀鸿遍野，在设计、市场方面已经完全丧失了主动权，虽在制造设备方面还有一点能力，但大势已去，书中透露出他们对日本半导体产业的复苏失去了希望。

这本书的作者黑田忠广既不同于日本媒体人，也不是半导体企业的生产负责人。书中已经对作者有所介绍，我们在这里想强调的是，黑田一开始在东芝公司工作，后长期在大学从事研究，与世界各国的专业人才交往甚密，和日本制定产业政策方面的官员极为熟悉。他在书里能够对日本技术现状、研究机构与政府的关系、政策导向等作出清晰的描述。他本来能写出一部评论半导体技术及产业的学术专著，但特意为普通读者了解日本半导体产业现状，用通俗易懂的语言，以口袋书的形式在日本出版了此书。现在这本书翻译成了中文，让中国读者有了了解半导体产业及日本相关政策的机会。

黑田的书从以下几个侧面叙述了半导体产业。

第一，比较全面地描绘了半导体研发、生产、装备技术的发展过程及对未来的展望。黑田并不以讲故事为自己的特长。这本书虽然有相当多的场景的描述，但不是历史小说，也不是报纸杂志上的新闻，只是增加了可读性，让读者从具体的场景中增加对半导体政策、技术的了解。半导体研发的途径、未来的趋势等是这本书着墨的重点，描述也非常的专业，读者读后能对半导体产业有整体认识。

第二，在美国要与中国打一场以半导体为中心的高科技战的时候，日本在2022年制定了经济安全保障方面的相关法律，日本媒体认为其政府在断绝与中国在高科技上的交流。黑田是日本政府各种咨询委员会的成员，对半导体的研发和相关舆论的形成有一定的影响力，但黑田并未主张限制与中国的交流，依旧认为发展半导体产业需要国际合作。半导体产业确实存在国与国之间、企业与企业之间的竞争，但"半导体民主主义"并未泯灭，尤其是针对某个国家的脱钩或者"经济安保"，不符合半导体发展的潮流。

第三，黑田对日本半导体产业的期待，也是各国半导体专家对自己的国家以及半导体产业整体持续发展的良好愿望。这本书一开始就谈芯片公司Rapidus，谈日本及数个国家和地区的大佬集聚在日本共谋半导体产业的发展，看得出来对Rapidus寄予了厚望。这本书谈技术较多，但谈市场略显不足。日本半导体产业的衰微，其实是日本产业外迁、国内市场半导体需求急剧减少的一个结果，现在日本并未出现产业对芯片的大量需求，Rapidus

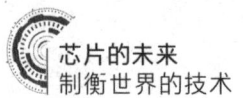

的未来客户主要在美国,其产品不准许卖给中国,是日本推行"经济安保"时的一个重要内容。也因为此,我们可以自行预测Rapidus的命运。展望未来,如果对市场没有一个大致的预测的话,相关产业将难以获得发展。媒体可以预测某个产业的衰败,但半导体产业内部人士,如果也持相同观点的话,这个产业也就无从发展了。黑田教授出于对自己专业的信任,去展望产业的无限未来,但在这未来世界中,不一定有日本企业存在的巨大空间。

这本书不失为一本半导体专业方面的好书。

陈言

日本企业(中国)研究院执行院长

2023年11月

目　录

术语表 ··· 001

第一章
一阳来复　005

1　晚宴——舞台转向 ··· 007

2　东京大学在行动——敏捷 ····································· 013

3　更多人参与——吸引全世界的大脑 ························ 018

4　半导体森林——共生与共进化 ······························ 022

第二章
卷土重来　027

1　半导体战略——预测未来，抢先出击 ···················· 029

规则改变 / 029
绿色增长战略 / 036

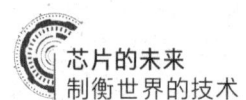

2 从通用芯片到专用芯片——半导体行业的游戏规则变革 … 039

通用芯片时代和专用芯片时代 / 039
游戏改变者——自主开发专用芯片 / 041
思考知识密集型社会中的制造业 / 043

3 从工业稻米到社会的神经元——后疫情时代的半导体 …… 045

消耗大量能源的远程连接的社会 / 045
从工业的稻米到社会的神经元 / 047
如何打造数字文明 / 049

4 从大坝到半导体——数字社会的基础设施 …………… 051

八田大坝与台积电 / 051
数字社会的基础设施 / 053
广井勇的教诲 / 055

【专栏】Rapidus 的战略 ………………………………… 057

第三章
构造改革   063

1 大脑、计算机和集成电路短暂的历史以及未来 …………… 065

大脑、计算机和集成电路的诞生 / 065
集成电路的增长与限制 / 067
从通用到专用，从 2D 到 3D / 069

2 微细化的剧本——指数函数的奇迹 ………………… 071

理想的微细化剧本 / 071
现实中的微细化及其副作用 / 073
无法直观地感受到指数函数的神奇之处 / 075

3 芯片结构调整——减少漏电 ………………………… 077

晶体管的结构改革 / 077

线路结构的改革 / 082
　　　极限论的趋势 / 083

4　人工智能芯片——向大脑学习 ················· 085
　　　计算机的诞生，起源于数学 / 085
　　　向大脑学习的 AI 芯片 / 087
　　　大脑与硅脑 / 089

【专栏】LSTC 的战略 ···························· 091

第四章
百花缭乱　　　　　　　　　　　　095

1　从 2D 到 3D——集成电路接下来的半个世纪 ······· 097
　　　大规模系统的连接问题 / 097
　　　硅通孔 TSV 和磁耦合通信 TCI / 099
　　　一个可以利用非连续性（破坏性创新）技术的时代 / 102

2　半导体立方——从横向到纵向 ··················· 104
　　　煎饼型和切片面包型 / 104
　　　从内存立方体到系统立方体 / 108

3　将大脑与互联网连接起来 ······················· 111
　　　在剑桥看到的神秘景象 / 111
　　　膨胀显微镜法 / 113
　　　当大脑连接上互联网时，会发生什么 / 115

4　同步与异步——芯片的节律 ····················· 117
　　　芯片的同步设计 / 117
　　　重新考虑异步设计 / 120
　　　自然界的节律 / 122

【专栏】集团同步的模型 ························· 124

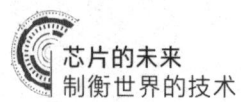

第五章
民主主义　　131

1 时间就是金钱 133

　成本绩效与时间绩效 / 133
　后 5G 时代所需要的半导体 / 135
　充分发挥计算机的作用 / 138

2 敏捷开发——AI 时代的芯片开发法 140

　从瀑布模型转向敏捷开发 / 140
　芯片的敏捷开发 / 143
　分治法 / 145

3 硅编译器——就像编写软件一样设计芯片 146

　硅编译器 1.0 / 146
　硅编译器 2.0 / 148
　复　兴 / 150

4 半导体的民主化——敏捷 X 153

　敏捷 X / 153
　为科学发展作出贡献 / 156
　SPICE 在我脑海中留下了深刻的印象 / 159

【专栏】国际人才流动 161

第六章
超进化论　　167

1 巨大集成 169

2 丰富的森林——生态系统的力量 173

目 录

3　超进化论——孕育多样性的机制 …………………… 177

4　新芽——传给下一代 …………………………………… 182

【专栏】IMEC 强大的秘密 ……………………………… 184

注　释 ……………………………………………………… 189
后　记 ……………………………………………………… 213

术语表

架构：计算机的基本设计和设计思想。

栅极（Gate）：控制晶体管开关的端子，有些地方也称为"门"。

编译：将编程语言写的源代码转换成计算机可以直接执行的机器语言。

半导体：具有介于导体和绝缘体之间的性质，且能控制电流的物质。

芯片：半导体集成电路。

晶圆：由单晶硅制成的圆柱薄片，用作芯片制造的材料。

晶体管：能放大或切换电信号的半导体器件。

专用芯片：例如谷歌的 AI（人工智能）芯片或苹果的 CPU（中央处理器）等。

通用芯片：市场上销售的普通用途的芯片，例如存储芯片或英特尔的 CPU 等。

芯片代工厂：专门生产芯片的企业，按芯片设计公司的设计方案制造芯片的工厂。

光罩：用于光刻技术在硅片上转印元件或电路图案的原板。

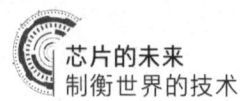

光刻：将光罩的图案转印到芯片的技术。

前道工艺：晶圆制造，在晶圆上制造元件的过程。

后道工艺：封装测试，将芯片连接到封装材料并进行密封的过程。

摩尔定律：芯片的集成度每18个月到2年翻倍的经验法则。

存储芯片：用于存储数据的芯片。

逻辑芯片：用于数据处理的芯片，主要包括CPU、GPU（图形处理器）等通用处理器及FPGA（现场可编程门阵列）、CPLD（复杂可编程逻辑器件）等专用性较强的处理器。

ASIC：专用集成电路，Application Specific Integrated Circuit的缩写，指专门针对某一特定用途的集成电路，也就是专用芯片。

CAD：计算机辅助设计，Computer-Aided Design的缩写，用于计算机辅助设计的工具。

CMOS：互补金属氧化物半导体，Complementary Metal-Oxide-Semiconductor的缩写，是一种集成电路的设计工艺，一个用P型和N型晶体管互补工作的电路。其截面结构是金属（M）-氧化膜（O）-半导体（S），因此晶体管也被称为MOS管。

CPU：中央处理器，Central Processing Unit的缩写，用于进行数据处理的芯片。

DRAM：动态随机存取存储器，Dynamic Random Access Memory的缩写，用于临时存储数据的内存芯片。

EDA：电子设计自动化，Electronic Design Automation的缩写，指自动执行半导体和电子设备的设计工作，或指与其相关的工具和软件。

术语表

EUV 光刻：极紫外线（Extreme Ultraviolet）光刻，指最先进的、使用波长很短（10～14 纳米）的极紫外线进行曝光的技术。

FinFET：Fin 场效应晶体管，Fin Field-Effect Transistor 的缩写。与传统在芯片表面制造的晶体管相比，为了增强栅极的控制能力而采取立体结构。因为它像鱼的鳍（Fin）而得名。该项技术的发明人是加州大学伯克利分校的胡正明教授。

Flash：闪存，用于长期存储数据的内存芯片，有 NAND 型和 NOR 型。

FPGA：现场可编程门阵列，Field-Programmable Gate Array 的缩写，指制造后可以通过编程设计的集成电路。

GAA：全环绕栅极，Gate All Around 的缩写。与 FinFET 相比，为了进一步增强栅极的控制能力而开发的一种栅极环绕通道的新型晶体管的结构。

GPU：图形处理器，Graphics Processing Unit 的缩写，指擅长并行处理，且适用于图形和 AI 处理的芯片。

IMEC：微电子研究中心，Interuniversity Microelectronics Centre 的缩写，是位于比利时的在微细加工技术方面引领世界的研究机构。

SoC：系统芯片，System on a Chip 的缩写，将处理器核心、微控制器、专用功能等集成在一块芯片上，设计为具有系统功能的芯片。

TSMC：台湾积体电路制造股份有限公司，Taiwan Semiconductor Manufacturing Company 的缩写，简称台积电，是世界上最大的芯片代工厂，成立于 1987 年，是全球第一家专业集成电路制造服务（晶圆代工）企业，其总部与主要工厂位于中国台湾的新竹科学园区。

VLSI：超大规模集成电路，Very Large Scale Integration 的缩写，集成了 10 万个以上的晶体管的大规模且复杂的芯片。

第一章

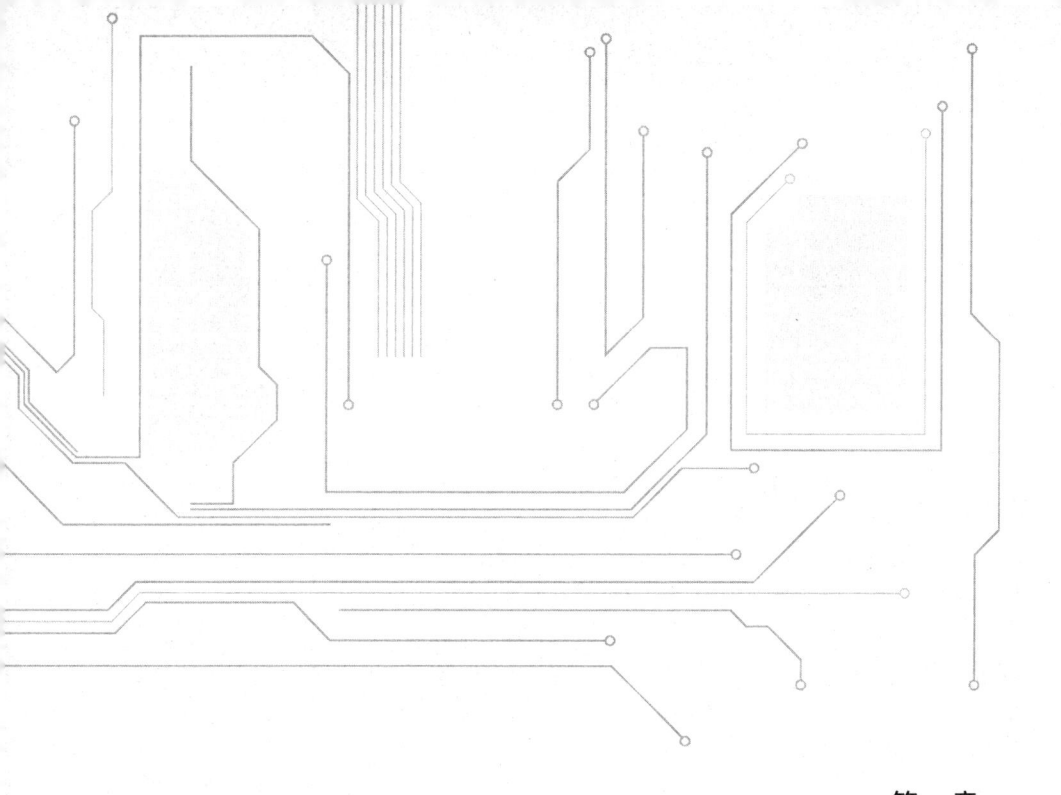

一阳来复

1 晚宴——舞台转向

2022 年 12 月 14 日夜。

大仓东京酒店（The Okura Tokyo）大宴会厅平安厅（Heian Room）的 400 名现场嘉宾纷纷落座，主持人的虚拟形象出现在巨大的屏幕上，会场充满了热烈气氛。

宴会厅前排居中的 VIP（贵宾）座位上坐满了一些重要人物。

他们分别是，日本自民党半导体战略推进议员联盟会长甘利明，经济产业大臣西村康稔，理化学研究所理事长五神真，经济产业省商务信息政策局局长野原谕、总务课长西川和见、课长金指寿、室长荻野洋平，等等。

另外，还有来自半导体产业界的领袖人物，NTT（日本电报电话公司）会长泽田纯、JSR（日本合成橡胶公司）名誉会长小柴满信、东京电子前会长常石哲男和社长河合利树、爱德万测试公

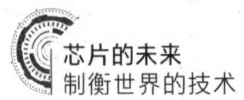

司（Advantest）社长吉田芳明、株式会社斯库林集团（SCREEN Holdings）社长广江敏朗、索尼半导体解决方案公司（Semiconductor Solutions Corp）社长清水照士、铠侠（Kioxia）社长早坂伸夫、瑞萨电子（Renesas Electronics Corporation）社长柴田英利、迈瑞斯科技公司（Mirise Technologies）董事川原伸章、THK社长寺町彰博、堀场制作所会长兼首席执行官堀场厚。

此外，还有IBM研究院院长达里奥·吉尔（Dario Gil）、半导体总经理穆凯什·卡雷（Mukesh Khare），IMEC执行副总裁和首席战略官约·德博克（Jo De Boeck），国际半导体产业协会（SEMI）主席阿吉特·马诺查（Ajit Manocha），台积电副总裁何军，以及台积电日本子公司（TSMC Japan）社长小野寺诚和台积电日本子公司的3D IC研发中心主任江本裕。

接着，晚宴的主角，也就是芯片公司Rapidus会长东哲郎和社长小池淳义，在最中央的座位上落座。

每个人心中都在默默描绘着光明、美好的未来。

半导体产业是成长型行业。

1982年，半导体市场规模为150亿美元，而到2021年则达到了5000亿美元。这种年平均增长率维持在9.4%的高速增长，已经持续了40年。

最初，半导体市场的规模只相当于全球名义GDP的0.2%。然而，到了20世纪90年代中期，这个比例突然扩大到0.4%。这究竟是怎么回事呢？

第一章 一阳来复

对于那些从20世纪90年代中期过来的人来说，许多人可能还记得当时发生的一些世界大事，其中之一就是微软的 Windows 95 成为全球热销产品。在此之前，半导体主要用于电视、录像机等丰富人类生活物理空间的家电产品。然后，从那时起，半导体就开始被大量应用于个人电脑和智能手机。

个人电脑创造了虚拟空间，而智能手机可以让人们随身携带这个空间。

因此，半导体的应用领域从物理空间（Physical Space）扩大到虚拟空间（Cyberspace），这个过程使得半导体市场从占全球 GDP 的 0.2% 增长到了 0.4%。

近年来，半导体市场再次表现出快速增长的势头，其全球市场规模正向占全球 GDP 的 0.6% 迈进。

然而，我们需要谨慎地分析这种增长，是否有一部分原因是新冠疫情使人们产生特殊需求。目前，市场已经进入了调整阶段。如果经过调整之后，市场再次出现大幅增长，那么半导体将会迎来第三个增长期。

半导体创造的新价值在于，其通过物理空间和虚拟空间的高度融合来创造数据驱动型社会，从而实现解决社会问题和发展经济的双重目标。

自动驾驶、机器人技术、智慧城市等等就是其中的例子。传感器实时采集物理空间数据，通过 AI 在数字孪生虚拟空间中进行分析，能够立即反馈到物理空间，并对电机进行控制。

因此，通过以上种种，人们可以用最短的时间和最少的能量安

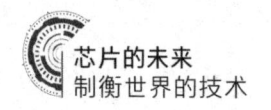

全且舒适地到达目的地。

虽然全球的半导体产业正在茁壮地成长，但是，我们如果将目光转向日本，就会发现日本的半导体产业在过去的 1/4 个世纪中一直处于休眠状态。在韩国、中国的半导体产业实现快速增长的同时，日本的半导体产业没能实现增长。

分析认为，日本半导体产业衰落受到多个方面的因素影响。例如，有日美贸易摩擦和日元升值等涉及经营环境的因素，有数字化和横向一体化滞后等涉及战略的因素[1]，有在"日之丸自主主义"影响下无法有效对抗韩国、中国的企业培育政策等涉及产业政策的因素。"日之丸自主主义"者往往是对自家开发的技术给予高度评价，强调坚持使用自家开发的产品或技术，即使存在比自家更优秀的产品或技术，也不会去采用。

然而，如今形势已经发生改变。随着日美走向合作和日元大幅贬值，日本的经营环境有所改善。另外，日本对于数字产业和晶圆厂的投资战略也从以往的保守策略转向激进的进攻策略。还有，日本产业政策也已向推动国际合作方向转变。

日本政府已经作出决定，决定以国家命运为赌注，将其押注到半导体产业的复兴上，并将全力以赴。

这一次，日本相信局势一定会发生改变。

2022 年，国际半导体产业协会主办了主题为"改变未来，未来正在改变"的展览会——2022 年日本半导体展览会（Semicon Japan 2022）。

第一章 一阳来复

日本首相岸田文雄出席了开幕式,并在开幕式上做了以下演讲:

半导体技术,毫无疑问,是支撑数字化、脱碳以及确保经济安全的关键技术。[2] 它是将绿色、数字化等社会问题转变为增长动力,推动实现可持续的经济社会以及支撑新资本主义社会的最重要物资。

我们要克服新冠疫情带来的困难,推进社会经济活动的正常化,并且要充分利用好日元贬值所带来的优势。为此,对于支撑社会发展需要的半导体,我们将在日本国内进一步扩大进攻型的投资,以推动经济结构的强韧化。

据估计,我们成功推动熊本的台积电半导体工厂招商引资,这将在未来10年内为当地带来超过4万亿日元的经济效益,并创造超过7000个工作岗位。

为了进一步推动这种有助于增强地方经济活力的投资,我们在最近的追加预算中新增了1.3万亿日元的预算。[3] 这将推动全国范围内的半导体投资,以及下一代半导体的研发。

我们必须正视一个现实,一个国家很难单独靠自己去应对半导体的供应链问题,也就是说,单一国家不可能独自满足半导体供应链的需求。因此,在政府支持的半导体研发项目中,我们也将强化全球合作。

负责未来新一代半导体大规模量产的Rapidus公司,昨天正式宣布与IBM达成了合作伙伴关系。此外,

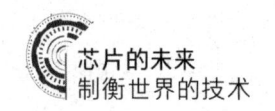

Rapidus还将与欧洲的IMEC合作，以期在21世纪20年代后期实现大规模量产。[4]

我希望日本也能向支撑AI、量子计算等先进计算系统，以及自动驾驶、下一代机器人等将在全球大幅度发展的数字经济，提供所需要的最先进的半导体。

2　东京大学在行动——敏捷

　　五神真理事长站在平安厅的舞台上。当五神真从东京大学校长转任理化学研究所理事长时,他带来了半导体和量子计算的发展战略。

　　我与五神真校长的第一次会面是在 2019 年 5 月,我们在被枝间新绿掩映下的东京大学本乡校区安田讲堂三楼的正门遇见。我向保安出示了个人证件后进入讲堂,然后下楼梯,顺着楼梯走过逆时针方向的走廊,进入了一个像秘密基地一样的空间。

　　当时五神真校长问我:"日本的半导体复兴需要什么?"

　　我回答说:"我们需要能开发高能效专用芯片的 3D 集成技术。"

　　我又作了进一步的解释:

　　　　建设数据驱动型社会——社会 5.0 所需要的高算力[5],

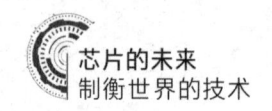

与能源并列，是日本最需要的资源。

算力问题的关键在于提高能效。如果按照现状推测，数据中心的电力消耗在10年后将翻10倍。如果能源效率造成的能源危机问题得不到解决，我们就无法实现数据驱动型社会的可持续发展。

能源危机的根源实际上来自AI。在过去10年间，为了对爆炸性增长的数据进行高级分析，AI的计算量暴增了数万倍。负责计算的通用处理器的能效在过去10年内仅仅提高了几十倍。[6]

提高能效的关键技术在于半导体的微细化加工和3D集成。在微细化方面，日本已经远远落后于拥有世界上最先进技术的国家和地区。在这个方面，日本需要向海外学习。然而，因为日本在3D集成中用到的材料和制造设备的基础技术方面尚具有众多优势，我认为我们应该把重点放在解决3D集成的瓶颈上。通过3D集成，我们可以将数据传输距离缩短接近1个数量级，从而大大减少数据传输所消耗的能量。[7]

与进行微细化的芯片制造工艺相比，实施3D集成的封装工艺需要的投资相对较小，所以3D集成的投资效益将会更好。

在设计技术上，通过剔除多余的电路，专用芯片相比通用芯片可以节省1个数量级的能耗。谷歌、苹果、脸书、亚马逊和特斯拉等公司已经开始研发专用芯片。通用芯片

第一章 一阳来复

时代是资本竞争的时代,而专用芯片时代是知识竞争的时代。换言之,需要来自设计开发领域的创新。

专用芯片的研发越来越难,你即使集结了100名设计工程师,也需要1年的开发时间和100亿日元的研发费用。如此长的开发周期和如此巨额的费用都会大大降低大家对专用芯片的兴趣,从事专用芯片设计的人员数量也会随之减少。日本已经开始失去这方面的兴趣和能力,即使建立了新工厂并具备生产能力,也无法立即增强该产业的实力。

AI技术正日新月异地快速发展,软件几乎每个月都会更新和升级。在数字经济中,关键在于实现硬件和软件的高度融合创新,并在短周期内反复快速迭代和改进。[①] 但是,如果软硬件两者的开发速度相差过大,那么这种融合创新将变得非常困难。然而,如果能制造出可编程自动设计芯片的硅编译器,我们就能快速地开发硬件。

当然,与设计工程师花时间优化的电路相比,自动设计电路的性能也许只能得到80分。但是,我们可以接受这个80分。这就是所谓的"80分主义",即利用所谓的"80/20法则",获得将开发效率提高5倍所产生的附加价值。

另外,提高设计资产的可重用性,抑制设计规模的爆

---

① 英伟达和苹果的产品都建立在软硬件高度融合的生态系统之上。——译者注

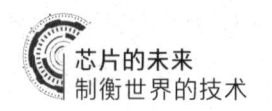

炸性增长也很重要。就此而言，芯粒架构会越发重要。未来，芯粒将被集成在同一个封装中组合成系统。在这个方向上，3D集成也将成为最关键技术。

东京大学的行动非常迅速。

首先，东京大学于2019年10月在校园内成立了一个向社会合作开放的中心——d.lab。d.lab中的"d"是指，在每个人都能利用数字技术发光发亮的数字融合（Digital inclusion）时代，以数据（Data）为起点，贯穿软件和设备（Device），实现研究领域特化型（Domain-specific）的系统设计（Design）。甚至，我们为了将技术传承给年轻一代，还特意把办公室设在了学生宿舍。

接着，2019年11月，东京大学宣布与台积电进行校社全面合作，共同进行引领世界前沿的半导体技术研究。在记者会上，台积电董事长刘德音（Mark Liu）和研究负责人、斯坦福大学教授黄汉森（Philip Wong）一起出席了新闻发布会，并与当时的东京大学校长五神真以及当时的副校长、现任校长藤井辉夫的手紧紧握在一起。

第二年，也就是2020年8月，东京大学建立了基于严格的信息管理的产官学合作的技术研究组织RaaS（先端系统技术研究组织）。RaaS是Research Association for Advanced Systems的缩写，也是我们的目标，即"以提供研究作为服务"（Research as a Service）。

目前，d.lab的赞助会员已经达到49家，而参与RaaS的企业累计已有12家。

d.lab 和 RaaS 的目标是将能源效率提高 10 倍，并且把开发效率也提高 10 倍。

这个目标与 Rapidus 相同。

但是，我们所采取的手段与 Rapidus 是互补的。

也就是说，为了提高能源效率，Rapidus 追求微细化，而东京大学追求 3D 集成；为了提高开发效率，Rapidus 希望缩短生产周期，而东京大学是研究如何缩短设计周期。

3　更多人参与——吸引全世界的大脑

除了技术，人才培养也成为迫在眉睫的问题。技术需要人才的支撑。

因此，我们在2022年4月启动了半导体民主化基地"敏捷X"（Agile-X）。"Agile"的意思是"快速、敏捷"。

我们打造了一个可以将开发专用芯片所需时间和成本缩到原来1/10的开发平台，以吸引全球的精英。如果设计专用芯片的开发人员能够增长10倍，我们就可以实现半导体的民主化。这就是"敏捷X"的目标。其背后追求民主化的理念是"集体智慧"。这种思想认为，当更多人的创意交错时，创新就会诞生。

例如，在南太平洋的一些岛屿上，用于捕鱼的工具种类与岛上人口之间存在着很强的相关性。简单来说，在人口多的岛屿上，人们使用的工具也多。

同样，尽管智人的大脑容量比尼安德特人小，但是智人发明并使用了各种工具，其原因是智人形成了更大的群体。

如果有更多的人能给自己独立定制芯片，就应该能产生更多的创新。在这种思想的驱动下，全球的半导体民主化运动已经悄然开始。

台积电董事长刘德音在2021年的国际会议ISSCC主题演讲中作了这样的总结：

> 创新是在自由流动的创意中诞生的。创意来自人们。
> 当更多的人能够创造自己的芯片时，创新将被民主化。

1959年，物理学家理查德·费曼（Richard Feynman）在演讲中提到，"底部还有很大空间"（There's plenty of room at the bottom），意即在微观世界中还有很多有趣的事情等待我们去探索。从此，世界开始了对微小器件的探索。随后，微电子学诞生，纳米电子学得到发展。

随着微细化已经接近极限，仍然有一些研究在不断地追求更进一步的微细化，以延续摩尔定律，这就是"深度摩尔"的研究。

近年来，也开始了一些旨在创造出除了微细化之外的新价值，也就是"超越摩尔"的研究。因为3D集成研究的投资回报率高，所以它吸引了全球的投资。

在深深回味费曼的话之后，我想说："顶部还有很大发展空间

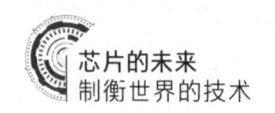

（There's plenty of room at the TOP）。"

不久的将来，芯片的集成度将达到并超过1000亿个晶体管。英特尔首席执行官帕特·格尔辛格（Pat Gelsinger）预言，到2030年，单个封装内将集成1万亿个晶体管。

为了让更多的人一起创新，"更多人参与"的研究将越发重要。

目前，只有大公司才能开发专用芯片，为什么？因为一直以来，产业系统都是为实现工业社会的大规模量产的最优化而建设的。

在知识社会中，时间性能可能比成本性能更加重要。

因为时间就是金钱，所以时间性能包含了成本性能。

没有谁能够比研究人员更了解迅速（敏捷）的价值。比如，论文的投稿就必须是争分夺秒的。所以，让半导体更贴近研究者，从而为科学的发展作出贡献，是很重要的事情。

我们将推进半导体的民主化，吸引全球的智慧。其目标不是争夺已有的蛋糕，而是扩大蛋糕。

人才培养是学术界的责任。人才不仅是日本的资本，也是日本开创未来的关键。

日本可以向世界学习"深度摩尔"，然后通过"超越摩尔"和"更多人参与"为世界作出贡献。

日本将构建高算力的基础设施。除了传统比特之外，日本还将把量子比特和神经元一起组合成混合计算，并通过进一步融合软件和硬件，建设具备高级计算能力且日本各地都可以访问的通信网络。这就是日本应该全力以赴进行建设的数字社会的基础设施。

4　半导体森林——共生与共进化

半导体是战略物资。那么，围绕技术霸权展开的游戏，谁会是胜者？地缘政治风险不断增加，世界的前景变得越来越不明朗。

我们是否可以不去争夺霸权，而是通过推进民主化，把半导体变成世界的共享资产，使之成为全人类的共有财富，从而创造出更加多样化的芯片，引领世界走向繁荣呢？

这个答案的线索似乎隐藏在地球的生物多样性中。

在白垩纪（距今约 1.45 亿年至 6600 万年）之前，生物的种类只有现在的 1/10。

然而，花的出现彻底改变了地球。[8]

花不再仅仅通过风来传播花粉，还能借助昆虫来传播花粉。原本只是被昆虫单方面吃掉的植物，开始利用昆虫传播花粉，情况随之发生了巨大的转变。

为了吸引昆虫，花需要争相展现出鲜艳的色彩，昆虫则需要提高飞行能力以适应花的不同形状。这就是共进化，即两者相互推动彼此的进化，循环往复。

于是，森林变得丰富多样，以花为食的昆虫带来了哺乳动物的多样性进化，花授粉后所结出的果实被灵长目动物食用，也带来了灵长目动物的进化。

最终，花获得了新的能力。

那就是加速世代交替的速度。 花减少了从授粉到受精所需的时间，从一年缩短到几个小时。这加速了所有生物的进化过程。

$$y = a(1+r)^n$$

这是复利计算的公式，其中 r 代表利率，n 代表投资次数。即使本金 a 较小，只要坚持长期投资，将来投资带来的价值就会大幅增加。

如果将 n 替换为 $1/t$，这个公式就变成了数字经济的基本公式，其中 t 是开发周期。这个公式既适用于芯片性能的提升，也适用于公司的成长。

换句话说，高速循环且不断进行改进，是数字经济的成长策略。比提高改进率（r）更重要的是增加改进次数（n），也就是缩短开发周期（t）。

这就是为什么需要采用敏捷开发。

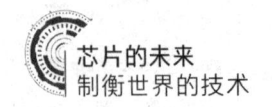

生物在进行严酷的生存竞争的同时，彼此之间会跨越种群进行复杂交互，通过互助来生存发展，从而共生与共进化。可以说，在这个过程中，最关键的钥匙就是敏捷的快速迭代。

如果我们把上文的"植物"改成"芯片"，把"昆虫"改成"芯片用户"，再把"森林"改成"生态系统"，那么读起来会是什么样的呢？那些从竞争转向共生和共进化的半导体之"花"又是什么呢？

平安厅的宴会正处于高潮。主持人的虚拟化身邀请小提琴家叶加濑太郎上台。在人们的智能手机中，几千亿个晶体管正在进行着数百万次开开关关的操作。[9]

"接下来，我将为大家演奏《另一片天空》。飞机上也使用了大量的半导体。"叶加濑太郎的话，引发了现场观众的笑声。每次听到《蓝色狂想曲》时，我就会想起空中旅行。但这一次，我只想起了过去两个月里忙碌的海外出差生活。

9月19日：在比利时 IMEC 与其首席执行官吕克·范登霍夫（Luc Van den hove）会谈。

9月24日：在纽约的 IBM 研究院与其院长达里奥·吉尔会谈。

9月26日：在奥尔巴尼纳米技术综合体（Albany NanoTech Complex）与 IBM 的半导体总经理穆凯什·卡雷等人交换意见和信息。

9月28日：在普林斯顿大学进行研究交流。

10月5日：在加州大学伯克利分校进行研究交流。

10月6日：在劳伦斯·伯克利国家实验室进行研究交流。

10月10日至14日：加入日本政府的美国代表团，访问美国商务部等。

10月31日：参加国际半导体产业协会的国际贸易伙伴会议（ITPC），参加关于人才培养的小组讨论会。

11月7日：在IMEC技术论坛上宣布d.lab与IMEC的合作。

11月29日：与d.lab的赞助成员一起访问位于日本筑波的台积电日本子公司的3D IC研发中心。

当晚在平安厅聚集的人，在过去两个月中，很多与我有过多次见面交流。建立互相协作的网络是当务之急。

坐在我旁边的经济产业省的金指寿课长说："我马上要和美国商务部开会，先走了。"

"辛苦了。"

叶加濑太郎在我面前演奏了《情热大陆》。

终于要开始了。

第二章
卷土重来

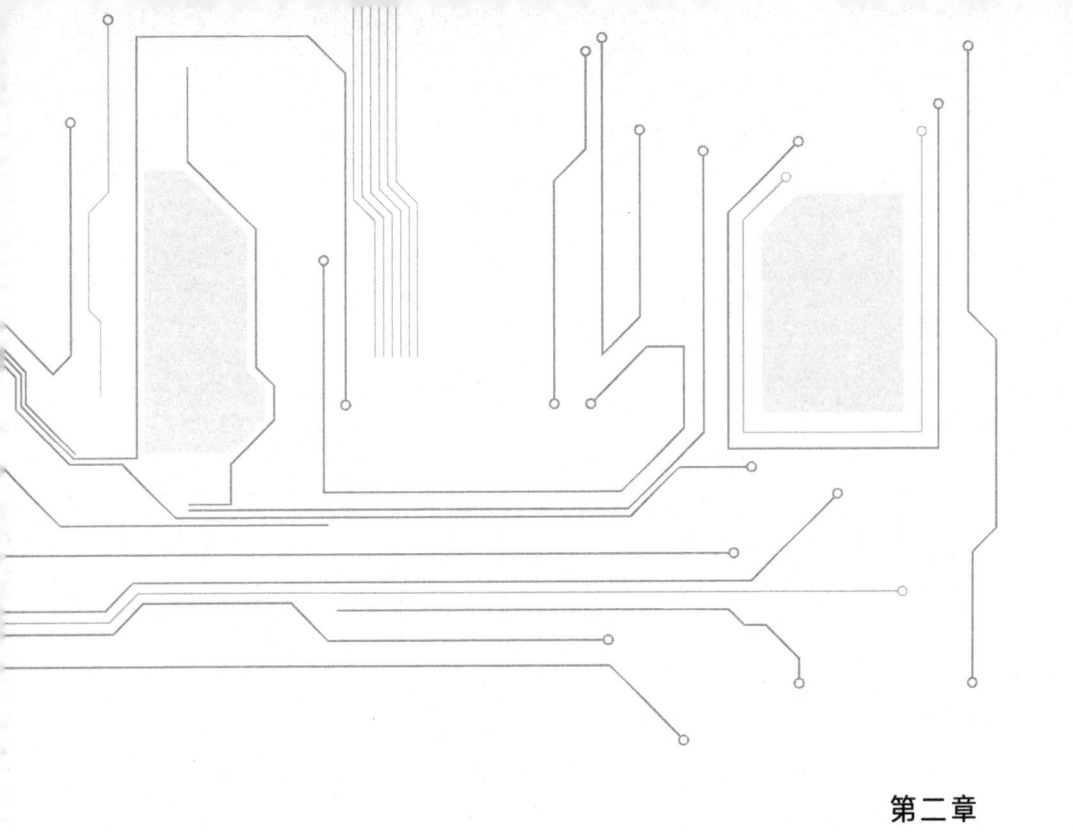

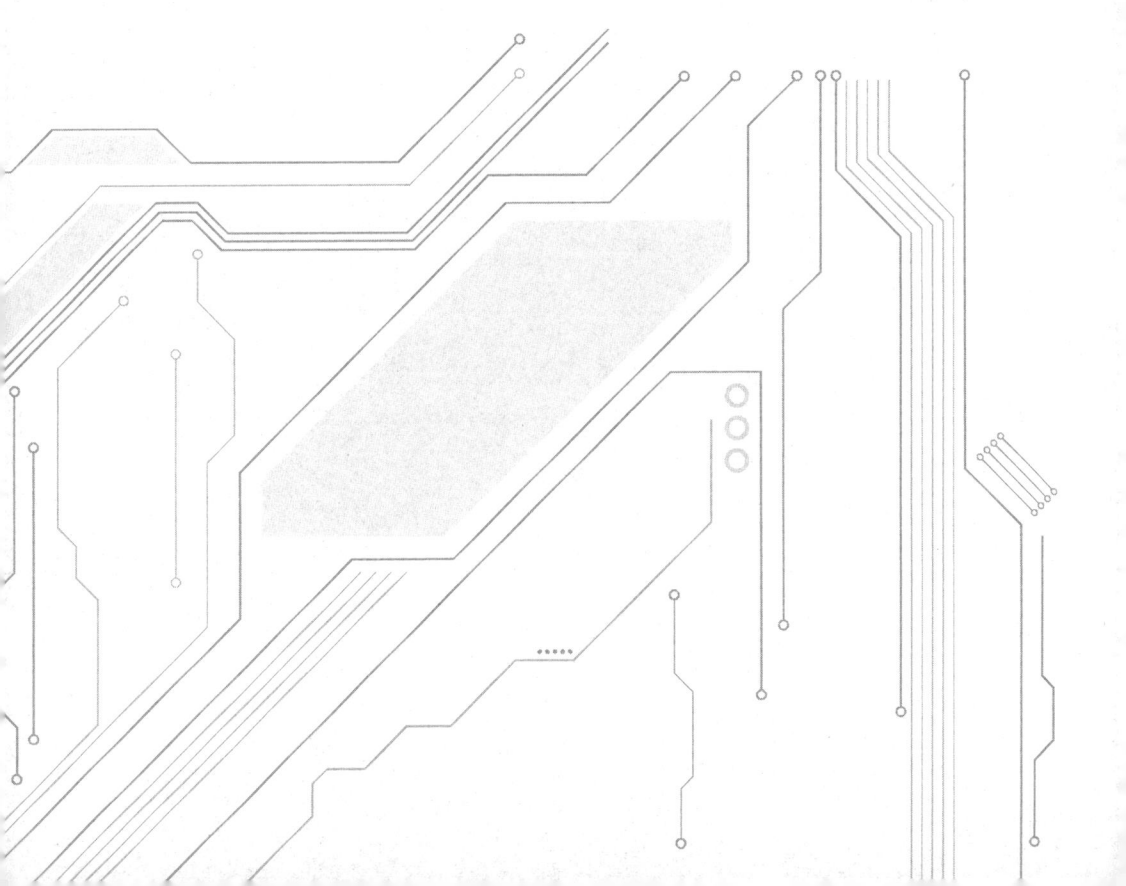

1 半导体战略——预测未来，抢先出击

规则改变

2021年6月，日本经济产业省公布了半导体战略，其中有一份题为《日本的衰退》的文件。该文件显示，日本半导体公司的全球市场份额在1988年曾高达50%，但之后就一直急剧下降，到现在跌到仅剩10%。这已经引起了日本民众的关注。

在过去的30年里，尽管全球半导体市场每年以超过5%的增长率在高速增长，但日本一点儿都没有获得增长。如果再继续这样下去，日本半导体企业的全球市场份额可能会接近0。另外，受益于数字革命的推动，全球半导体市场预计将以每年8%的速度快速增长，到2030年，市值规模可能达到目前的2倍，市场总值将超

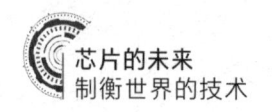

过 100 万亿日元。

有没有发生逆转的可能呢？

半导体战略的关键，一言以蔽之，就是积极投资微细化技术。

不过，仅仅依靠固有的策略是难以挽回失去的 30 年的，预见竞争舞台的第二幕并提前投资是很有必要的。这就像剑道中的"先机者制人"①。¹⁰

为了解读当前复杂的局势，我们需要理解引发这种动向的三个变化。

第一个变化是产业主角的更替。目前，逻辑芯片市场的主战场，正从英特尔这样的传统芯片制造商开发的通用芯片，转向谷歌、苹果、脸书、亚马逊等芯片用户开发的专用芯片。

我们来看看美国 25 家顶级风险投资公司在 2017 年至 2020 年的投资项目。令人震惊的是，它们对专用芯片（包括 AI 芯片）的投资是对存储芯片投资的 9 倍。

这标志着专用芯片时代的来临（见图 2—1）。

一直以来，半导体业务的王道是标准化的通用芯片的大规模量产，但过去也出现过生产少量定制专用芯片的时代。那是在 1985 年到 2000 年，将分散在多个通用芯片中的逻辑电路集成到一个专用芯片中，降低了产品的制造成本。

可是，专用芯片的开发成本高昂，因此造成了 CAD 技术在美

---

① "先机者制人"是剑道中的专业用语，就是先预测对手的下一招，直接针对对手的下一招出击。——译者注

国的大学中纷纷应运而生。

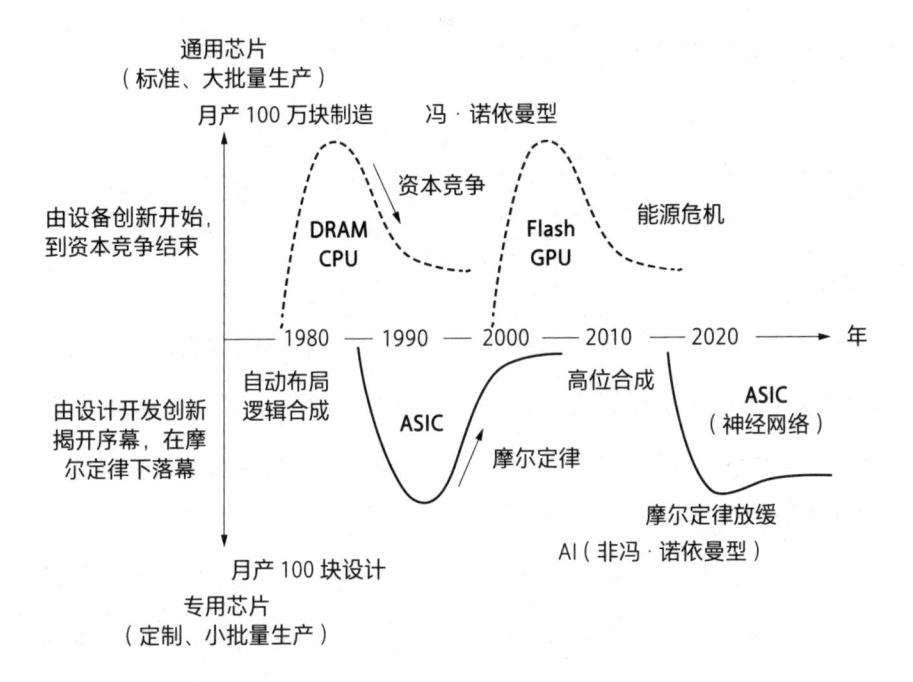

图 2-1 数据社会的能源危机和摩尔定律的放缓迎来了专用芯片时代

资料来源：T. Kuroda, ISSCC 2010 Panel Discussion, "The Semiconductor Industry in 2025".

然而，15 年过去了，根据摩尔定律，芯片集成度提高了 3 个数量级，但是设计无法跟上。于是，专用芯片的时代结束了。[11]

现在，游戏规则再次发生变化，其中的一个背景就是能源危机。为了使用 AI 分析爆炸性增长的数据，需要大量的能源，因此需要专用芯片。专用芯片通过削减没用的电路，相比通用芯片，可以节省数量级的能源。

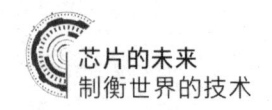

专用芯片（硬件）可加速 AI 处理，而其他丰富的多样化处理则交给通用芯片（软件）。换句话说，适当分配两者的角色比例，对于绿色增长来说是至关重要的。

第二个变化是市场的波动。

每 1/4 个世纪，就会有大波动冲击半导体市场，而现在就是那个时间点。

1970 年到 1995 年是家用电器，1985 年到 2010 年是个人电脑，2000 年到 2025 年是智能手机。日本抓住了第一波浪潮，但没有抓住第二波和第三波。因此，为接下来的第四波浪潮做好准备就显得格外重要。

家用电器是通过模拟技术使物理空间更便利，而个人电脑则是通过数字技术创造了虚拟空间，智能手机则是通过无线网络技术使虚拟空间可以随身携带。

即将来临的第四波浪潮，是通过使用传感器、AI 和马达使网络空间和物理空间高度融合，以促进经济发展和解决社会问题。换句话说，就是利用"数字孪生"技术来创造以人为中心的社会，也就是"社会 5.0"。

例如，包括汽车、无人机等移动机器在内的机器自动化技术。

据未来学者汉斯·莫拉维克（Hans Moravec）的说法，目前的机器人智能水平大约是老鼠的水平，但到 2030 年将进化到猴子的水平，到 2040 年将达到人类的水平。智能机器人将全面革新从运输、物流、服务到医疗、护理、娱乐等各个领域。

这确实是日本这个"课题发达国家"①可以引领世界的市场。日本可以在其擅长的物理空间融合领域发挥特长。

当然，第四波浪潮不仅限于此。在考验创新思维的同时，我们还需要具备卓越的开发能力，这样才能够迅速（敏捷）地将这些创新应用到芯片中。

第三个变化是技术的范式转变。

20世纪50年代的计算机采用的是"线路逻辑方式"。这种方式的编程是通过切换运算器之间的连线来实现的。

这种方式有两个缺点：一个是"规模限制问题"，即可以处理程序的最大规模受到预先准备的硬件规模的限制；另一个是"大规模系统连接问题"，即当系统规模变大时，连接的数量将会变得非常多。

因此，数学家约翰·冯·诺依曼（John von Neumann）发明了"程序内置方法"（冯·诺依曼架构）。他将要处理的目标数据以及用于指示数据传输和运算的指令存储在内存中，然后让处理器按顺序解释这些指令进行运算处理。这是一种创新的方法转换，目的是解决规模限制问题，不采用物理方法连接多个运算器，而是让一个运算器在每个周期执行不同的指令。

另外，在从各种角度研究"大规模系统的连接问题"的过程中，电子工程师杰克·基尔比（Jack Kilby）在1958年发明了集成电路，

---

① 课题发达国家是指，面临着许多国际上前所未有的挑战，并且面临着如何解决和克服这些挑战所带来问题的国家。通俗点讲，世界各国将来会遇到的课题，往往让日本先遇到了。——译者注

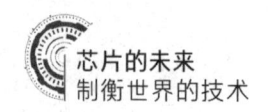

通过使用光刻技术在一块芯片上集成元件并进行批量布线，成功地解决了这个问题。

这两种已经持续了半个多世纪的基本方式即将发生范式转变。

一种范式转变是从冯·诺依曼架构转向神经网络（见图 2-2）。

冯·诺依曼架构
顺序处理
处理器和内存起主导作用

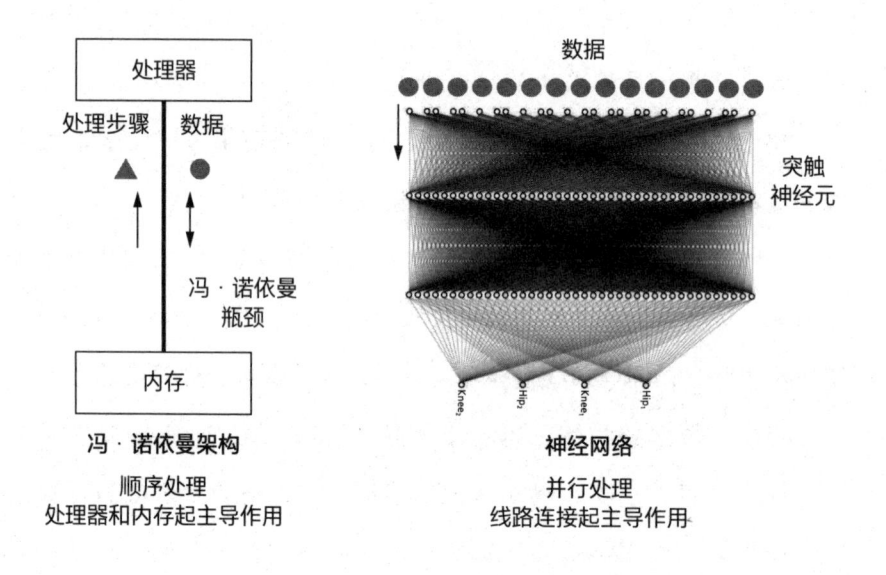

神经网络
并行处理
线路连接起主导作用

图 2-2　从冯·诺依曼架构转向神经网络

该范式不再通过数据在处理器和内存之间来回传递并进行逐一处理，而是在神经网络——数据像流水一样流动中，进行一次性的并行处理。结果是，能效得到大幅改善。

计算机采用冯·诺依曼架构后，处理器和内存的销售量非常大。但是，未来可能会发展出搭载了用 AI 处理神经网络的专用芯片市场。主角将从处理器和内存转移到神经网络的连接。这就正好像生物从脑干、小脑进化到大脑一样。

在人类的大脑中，人出生时的突触只有大约 50 万亿个，出生后的 12 个月内突触数量增长了 20 倍。然后，在学习过程中，不太经常使用的突触会被剪除，最终形成一个没有浪费的高效脑回路。也就是说，大脑在人出生后未完成完整构建，在玩耍的过程中获得了成长，在学习的过程中提高了效率。

神经网络也经历了类似的过程。当前，通过机器学习进行修剪的方法正在被积极研究。

另一种范式转变是从微细化转向 3D 集成（见图 2-3）。

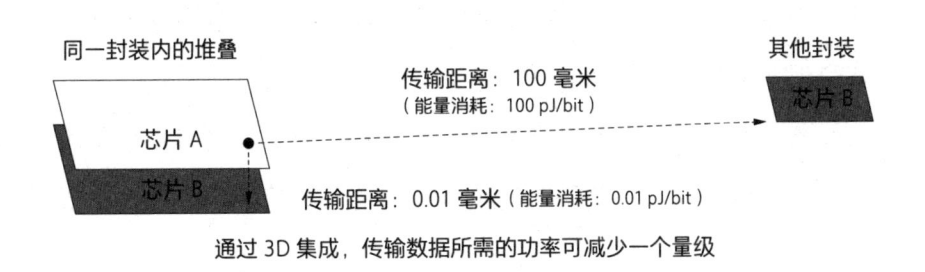

同一封装内的堆叠　　　　　　　传输距离：100 毫米　　　其他封装
　　　芯片 A　　　　　　　　（能量消耗：100 pJ/bit）　　芯片 B
　　　芯片 B　　　传输距离：0.01 毫米（能量消耗：0.01 pJ/bit）

通过 3D 集成，传输数据所需的功率可减少一个量级

图 2-3　从微细化转向 3D 集成

芯片的微细化已经接近极限。3D 集成可以大幅度减少数据传输的能耗。这就像原本我们需要去国家图书馆取的数据，现在被放在触手可及的位置，我们只需要伸伸手就可以得到。

因此，现在我们再次对 20 世纪 50 年代的这两个基本问题发起挑战。在摩尔定律即将终结之际，我们不去选择传统技术路线上的

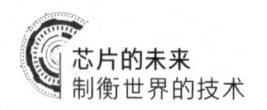

延伸，而是选择了破坏性的技术。如何将其实用化是我们即将迎来的巨大机遇。

绿色增长战略

从前面的各种分析中，你可能已经意识到，其实各种变化的根源都在能源问题上。为了提高能效，产业的主角正在从通用芯片转向专用芯片，冯·诺依曼架构正在更新为神经网络，技术体系也正在从微细化转向3D集成。

与此同时，社会正在从资本密集型的工业社会进化到知识密集型的知识价值社会。价值载体也将从集成了大量晶体管的廉价芯片，迁移到一种具有新的能力——高效处理大量数据，并借助这种能力来持续创造出优秀的服务。

未来，我们将面临更加严格的"碳中和"规定。我们必须积极减少能源消耗。显然，我们需要从过去的贪婪增长战略转向绿色增长战略（见图2-4）。

绿色增长战略的"三支箭"是：第一，攻克3D集成的关键技术；第二，实现专用芯片开发的敏捷化；第三，构建平台，保护在日本国内扎根并群聚发展的产业生态系统。

没有能源效率的改善就没有增长，没有开发效率的提高就没有专用芯片。也就是说，从现在开始，追求时间性能比是最优先的任务。当然，因为时间就是金钱，所以这也包含了传统的成本性能。

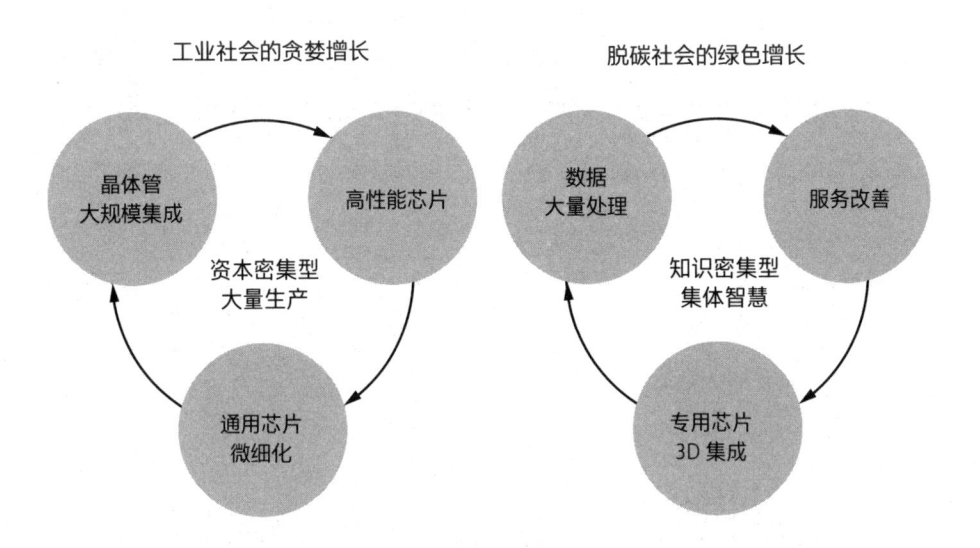

工业社会的贪婪增长　　　　脱碳社会的绿色增长

```
    晶体管          高性能芯片          数据          服务改善
  大规模集成                          大量处理
       资本密集型                       知识密集型
       大量生产                         集体智慧
         通用芯片                         专用芯片
         微细化                           3D 集成
```

图 2-4　从贪婪增长战略转向绿色增长战略

英国前首相温斯顿·丘吉尔（Winston Churchill）在面临国难时说过：

　　一个人绝对不可在遇到危险的威胁时背过身去，试图逃避。若是这样做，只会使危险加倍。但是，如果立即面对它，毫不退缩，危险便会减半。

英特尔的创始人罗伯特·诺伊斯（Robert Noyce）曾说：

　　要想产生创新，必须保持乐观，必须不畏惧危险，追

037

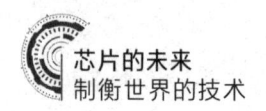

求变革，必须离开安逸之处，踏上冒险的旅程。[12]

日本企业的半导体市场份额要想逆转，就需要抱有决心和保持乐观的态度，从现在开始。

2　从通用芯片到专用芯片——半导体行业的游戏规则变革

通用芯片时代和专用芯片时代

通用产品之所以被广泛使用，是因为它们可以通过标准化批量生产实现低成本。而专用产品则价格较高，但其性能、质量和可靠性更胜一筹。

通用芯片是半导体业务的支柱。在价值50万亿日元的市场上，每年生产2万亿块芯片，平均单价仅为25日元。

即使是投资1万亿日元建造的最先进工厂生产的最先进芯片，其售价也只有几百日元。这是一个薄利多销的行业。

通用芯片之所以能够大量销售，主要是因为计算机采用了冯·诺

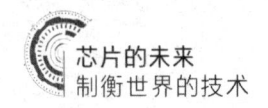

依曼架构。

处理器从内存中读取数据和计算机程序，并按照从内存中读取的计算机程序来处理数据，最后将处理后的数据送回到内存中。通过重复这个过程，处理器可以执行任何复杂的处理，也就是说，通过改变计算机程序——改变处理的步骤，可以执行任何类型的处理。

换句话说，计算机发展的逻辑和前景是大量生产处理器和内存等硬件，并通过软件将其应用于各种用途。半导体业务的正确路径就是大量、低价地提供处理器和内存。[13]

随着大数据利用的开始，传感器可能也会加入进来。

这个业务的竞争方式是资本竞争。DRAM、闪存、CPU 或 GPU 等芯片一被发明出来，并被认为可以成为大生意，就会有大量资本投入，很快就会引发过度竞争，最终在行业重组后形成寡头垄断。

日本在设备创新方面胜出，但在资本竞赛中落败。[14]

然而，历史上也有专用芯片获得成功的时期。从 1985 年到 2000 年，ASIC 开创了一个大市场。

处理器和内存相互连接的逻辑电路因系统而异。起初，人们通过组合标准化的逻辑芯片来实现，将这些集成到 ASIC 中，可以减少系统的成本和面积。另外，人们利用 CAD 技术大幅减少开发的成本和时间，这是 ASIC 能够获利的主要原因。复杂的芯片可能需要 100 多个设计师用 1 年多的时间来设计，但是如果使用 CAD，1 个设计师 1 个月就可以完成。

20 世纪 80 年代，加州大学伯克利分校等地研发出可以自动生成布局和逻辑的技术，也出现了相应的设计工具供应商。此外，还开发出了半定制的制造方式，就像定制半成品服装一样，先制造出半成品芯片，再根据需要进行定制化的布线。

通过这些设计开发的创新，开发效率一下子提高了3个数量级。

然而，15年后，由于摩尔定律，集成度提高了3个数量级，即便使用计算机，人们也需要比以前更多的人力和时间。结果，ASIC业务变得无法盈利，走向了终结。

因此，通用芯片时代是从设备创新开始的，在资本竞争中结束，而专用芯片时代是由设计创新揭开序幕的，在摩尔定律下落幕。[15]

游戏改变者——自主开发专用芯片

现在，游戏规则正在改变。谷歌、苹果、脸书、亚马逊等巨型IT（信息技术）公司感觉到，如果还从英特尔和高通等半导体专业制造商那里采购通用芯片，将无法赢得竞争。因此，它们开始自主开发专用芯片。

这背后有三个原因。

第一个原因是数据社会特有的"能源危机"。随着数据的急剧增长和AI处理的复杂化，能源危机正在加剧。

假设当前的技术不采取任何节能措施，那么到2030年，IT相关设备将消耗掉相当于当前社会总耗电量近2倍的电力，到2050年，这个数字预计会增长约200倍。

如果在进行数字化转型的过程中消耗大量能源并破坏地球环

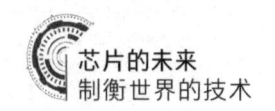

境，未来的可持续发展就不可能实现。

芯片的功耗曾经只有 0.1 瓦特。如果按照理想的微细化方案，那么性能成本比应该在保持电力功率密度恒定的情况下得以改善。

但实际上，由于过度强调性能改进，芯片的功耗在 15 年内增长了 1000 倍，到 2000 年时已经达到了 100 瓦特。芯片的电力功率密度超过了烹饪用电炉的 30 倍，直接导致云服务器需要消耗大量的电力进行冷却。

虽然芯片集成很多的晶体管，但是系统一旦接近冷却能力的极限，将无法同时使用更多的晶体管。在 7 纳米技术中，占整体 3/4 的晶体管不能同时被使用；在 5 纳米技术中，占整体 4/5 的晶体管不能同时被使用。在这些限制下，只有那些能够将能效提高 10 倍的人，才能使计算机的性能提高 10 倍，使智能手机的使用时间延长 10 倍。[16]

与能够完成各种任务的通用芯片相比，削减了无用电路的专用芯片就可以将能源效率提高 10 倍以上。

第二个原因是 AI 的出现。神经网络和深度学习赋予数据持有者一种新的信息处理方式。

神经网络就像我们的大脑一样，其功能取决于布线逻辑。与冯·诺依曼架构的顺序处理相比，神经网络可以通过并行处理把用电效率提高 10 倍以上。

第三个原因是产业结构的分工化。像台积电这样的晶圆代工厂已成为全球工厂，用户可以根据自己的业务模型自主开发，充分利用 AI 性能的芯片。

对于类似于谷歌、苹果、脸书、亚马逊这类使用大量芯片的IT平台，这样的自主开发明显可以获得比从半导体供应商那里采购的更快、更便宜、更高性能的芯片。

思考知识密集型社会中的制造业

艾伦·凯（Alan Kay）说过："真正认真考虑软件的人最终会自己做硬件。"系统开发需要硬件和软件两者相互协调。

对于需要多功能控制的逻辑和计算信息处理，我们使用冯·诺依曼架构的通用芯片；而对于需要高级AI的直观的空间信息处理，我们使用能效高的专用芯片。这样的新架构研究已经开始。

当然，通用芯片和专用芯片总是需要在低价格和高性能之间作出权衡。

例如，在信息通信领域，基础设施端的需求数量相对较少，我们会尽可能利用虚拟化技术，采用通用硬件去实现功能；而在数量需求较大的边缘端，我们会使用专用芯片提高性能，推动数据的"地产地消"。

专用芯片所需要的不是资本力量，而是学术力量。就像加州大学伯克利分校曾经创造了自动生成布局和逻辑的技术一样，**现在需要的是能够自动生成功能和系统的学术创新。大学在其中扮演的角色变得越来越重要。**[17]

20世纪是"通用"的时代。第二次世界大战之后，在对物质

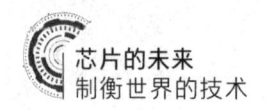

数量的崇拜和经济效率的推崇之下，标准化大批量生产驱动了经济增长。

但随着社会的成熟，价值从整体增长转向个体满足。其造成的结果就是，工业社会的结束以及知识价值社会的开始。

这样的变化从发达国家向发展中国家蔓延，在这种变化的发展过程中，日本曾一度因为持续地进行标准化大规模生产而繁荣，但最终落后于其他亚洲国家。

21世纪将会进入"专用"的时代。价值将从资本密集转向知识密集，从规模转向智慧，从数量扩张转向质量发展，从物质转向精神，从方便转向乐趣，从产品转向服务，从大量转向多样，从同质化转向个性化，从任何人都能做转向别人做不到，价值正在转变。

到那时，制造业会变成什么样呢？我们的使命就是要找到这个答案。

3 从工业稻米到社会的神经元——后疫情时代的半导体

消耗大量能源的远程连接的社会

这里的远程社会是指一个实现了远程办公,可以进行远程控制的社会,也就是人可以完全不在现场。

我的一位居住在美国的朋友在森林中建了一所房子,在那里进行远程工作。他的工作是开发EDA工具,他认为只要有电脑和互联网,他就可以在任何地方工作。

新冠病毒的大规模传播打开了远程工作的大门。我们发现在线会议比想象中的要有效,特别是在进行三人以上的讨论时非常

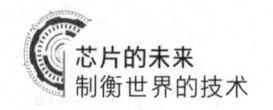

方便。

甚至有3000人参与的国际会议也转为在线举行。

2005年，国际会议超大规模集成电路研讨会（VLSI Symposium）在日本京都举行。在晚宴上，作为程序委员会主席的我，作了大会致辞。

"诸位，请想象一下，未来，我们可能会在互联网上举行国际会议。"我说，"研究报告、小组讨论，甚至连站在走廊里的聊天都将在线进行。大家都可以在家里参加。"

"宴会也是吗？……"

"点上几份比萨，然后从冰箱里拿出啤酒吗？……这听起来感觉有点索然无味啊！……"

"今晚，请尽情享受京都的美食和美酒，和老朋友们畅谈。"

"干杯！"

现在，国际会议的组织者们都是一脸担忧，他们担心打开了潘多拉的盒子，因为现在已经出现了在线酒会。

推动数字化转型和数据驱动服务的是大数据的快速增长和AI处理的高度复杂化。然而，这导致了社会的能源消耗急剧增加。

正如我前面所提到的，**预计：到2030年，仅IT相关设备就将消耗掉相当于目前社会总用电量的将近2倍电力；到2050年，总用电量将达到现在的约200倍。**其中一个原因是，通信数据的快速增长。IP（互联网协议）流量在2016年是每年4.7 ZB（1 ZB = 10^{21}字节），但预计到2030年将增长近4倍，到2050年将增长4000

倍。到2050年，我们将需要5000万亿块4 GB的DRAM芯片。

从能效角度来看，信息的本地化，即信息"地产地消"，也相当重要，但与之相反的是，大型IT企业对信息的集中和垄断在日益强化。

此外，AI处理将变得更加复杂。为了理解隐藏在数据中的含义，并将其转化为服务以造福社会，我们需要进行大量的计算。

实际上，自深度学习出现以来，AI处理的计算量在10年内增长了4个数量级。然而，承担这些计算任务的通用处理器的能源效率在过去10年中仅仅提高了1个数量级。

这意味着，如果不大幅度改善通信设备和计算机的能效，我们就无法实现社会的可持续增长。

能源消耗的急剧增长是由半导体引起的。因此，解决这个问题的关键也在半导体。

从工业的稻米到社会的神经元

2019年，全球生产了1.9万亿块芯片。

其市场份额分布分别是：制造业占比15%，医疗保健占比15%，保险占比11%，银行和证券占比10%，批发和零售占比8%，计算机占比8%，政府占比7%，交通占比6%，公共事业占比5%，房地产和商务服务占比4%，农业占比4%，通信占比3%，其他占比4%。

几乎社会的任何一个角落都使用了半导体。但是，可能会有人

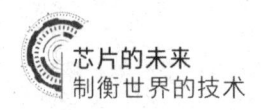

惊讶，通信市场仍然占比很小。

然而，正如我之前所提到的，预计不远的将来通信量将大幅度增加。驱动下一代半导体需求的将是下一代通信，即"后5G"。

在后5G时代，将使用更高频率的波段。频率越高，无线电波的直线传播性就越强，传播距离就越短。因此，我们需要更多的基站。

此外，在后5G时代，人们期待能获得低延迟和高水平的服务。这意味着基站需要具备高性能的数据处理能力。

预计后5G时代将推动下一代半导体需求的原因是，我们预期会有这种情况：未来，物联网（IoT）、远程医疗等数字化医疗保健，以及给这些领域附加可移动性的服务，都将形成半导体的巨大市场。这些可以说是构建了社会的神经系统。

也就是说，半导体将从工业的稻米发展为社会的神经元。半导体实际上就是人类共同的财产。

从工业社会的零部件发展为支撑知识社会的战略物资，半导体的价值指标将从成本转变为性能，尤其是功耗性能。另外，它们被用于基础设施，因此对于投入市场所需的时间或周期以及可靠性也变得相当重要。

要解决社会的能源问题，唯有提高半导体的能源效率。相比通用芯片，使用专用芯片可以将能源效率提高约2个数量级。[18]这是因为专用芯片有明确的用户和明确的使用场景，所以不会为了满足未知用户的各种通用性和长期性上下兼容需求，而造成额外的浪费。

然而，专用芯片的开发成本很高，不是谁都可以轻易开发。正因为如此，日本国内开发专用芯片的热情正在减弱，鸿沟已经开始形成。

因此，将专用芯片的开发成本降低到原来的 1/10，使得任何有系统创意的人都能设计专用芯片，并进一步利用最先进的半导体技术将能源消耗减少到原来的 1/10，这样的工作是实现数据驱动社会所必不可少的。

为了让半导体从工业的稻米转变为社会的神经元，我们必须将产业结构从 20 世纪的资本密集型转变为 21 世纪的知识密集型。

如何打造数字文明

《人类简史》（*A Brief History of Humankind*）的作者尤瓦尔·赫拉利（Yuval Harari）警告说：科技已经成为活体间谍的替身，甚至成为潜伏在我们皮肤之下的信息窃取者。

在新冠疫情防控措施下，监视型社会正在形成。科技对社会的影响变得非常大。我们的文明将何去何从？有人认为，我们正处于生死存亡的紧要关头。

只要有智慧，科技就能实现。也就是说，既然半导体可能对安全和隐私构成威胁，那么解决这个问题的关键也将是半导体。

然而，高度的安全性和隐私保护无疑会增加半导体的能源消耗。所以，最终我们又回到了半导体的能耗问题上。

而在那之前，还存在着一个"心"的问题。

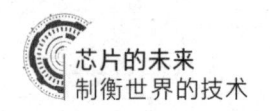

数字化擅长处理逻辑问题，但人的感性是模拟的。因此，该如何利用数字技术让人们获得幸福？新的探索即将拉开帷幕。

但是，我们只有在对进行五官感知和数字技术之间相互转换的传感器和执行器、反馈感知的控制技术、用于价值交换的工程学以及保护社会不受科技危害的法律体系，进行充分讨论研究的基础上，才能推进"将大脑连接到互联网"的想法。

在古代，大脑创造了社会，孕育了心灵。人类掌握了传达意图的语言和通过逻辑思考拓展认知能力的数学。数学，最终超越了主观的直觉，升华为一个抽象的符号体系，最后从大脑中涌出，计算机诞生了。计算机促使芯片产生，芯片通过规模化呈指数级增长，使计算机变得微型化了。最后，微小的计算机正试图回到我们的身体中（见图2-5）。

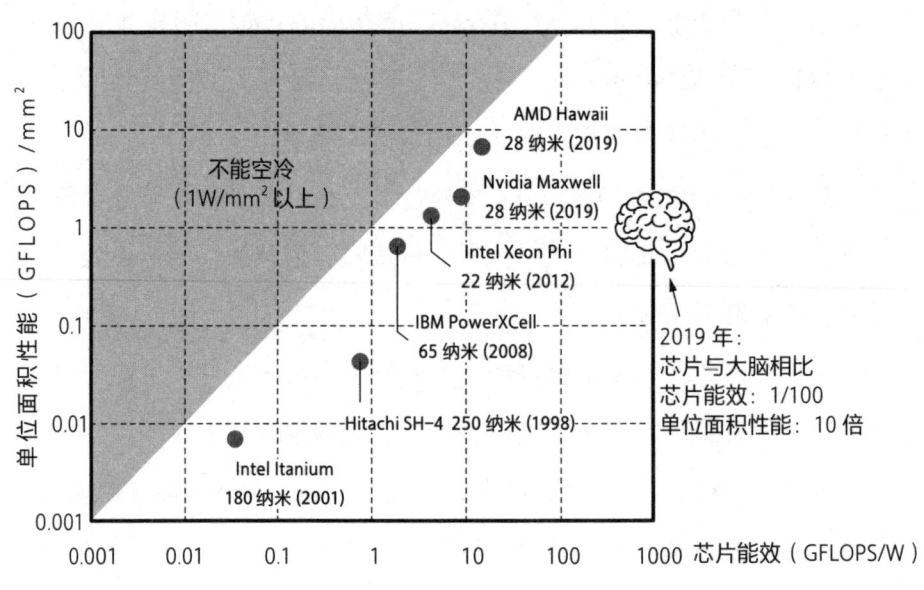

图2-5 20年内芯片能效提高3个数量级，到2030年会接近大脑能效

4　从大坝到半导体——数字社会的基础设施

八田大坝与台积电

100年前，中国台湾建造了乌山头水库大坝。这座大坝当时是世界上最大的大坝，直到美国胡佛大坝的建成。这项建设的监督者是日本土木工程师八田与一。为了纪念他，有人也称这座大坝为"八田大坝"。

八田与一于1910年毕业于东京帝国大学工学部土木科，毕业后受聘于台湾总督府，出任技师。之后，他调查了中国台湾南部的贫瘠之地——嘉南平原。由于灌溉设施不足，这里的农民一直遭受旱灾、暴雨和排水不良的困扰。

八田与一提出了通过水利工程将这片荒地变为粮仓的建议，这

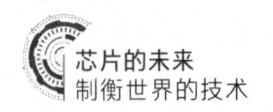

个提案在日本国会中获得了批准。受益者组成了合作社并进行项目实施，其中一半的费用由日本承担。八田与一放弃了自己的国家公务员身份，成为合作社的工程师，亲自指挥大坝的建设。

这座大坝的总造价为 5400 万日元。当时，有一段需要挖穿 3078 米乌山岭的工程，施工过程造成了很多工人的死亡。一直到这项巨大的工程结束之前，八田与一都和他的妻子以及 8 个孩子，一起生活在一个搭建在工地上的简陋日式房屋里，房屋大约有 100 平方米。

经过 10 年的努力，大坝终于建成。除此之外，嘉南平原的大片土地被 16000 千米长的细水渠覆盖。这就像是水的万里长城。

当水从这些细小的水渠中流出时，人们欣喜若狂，感动得流下了眼泪。嘉南平原之后变得十分繁荣。

距大坝建设完成已经过去近 100 年的今天，日本和中国再次开展另一项历史性的大工程。

这一次，水坝变成了半导体。

泥沙被高纯度硅取代。[19]

水被数据取代，灌溉被数据利用取代。

社会从农耕社会（社会 2.0）发展到以人为中心的社会（社会 5.0），水的万里长城被数据的万里长城取代。

一块小小的芯片集成了无数的连线，数据在其中传输。如果将这些连线从芯片中取出并连接起来，它们的总长度可以达到 10 千米。

台积电的工厂每个月可以生产数百万片晶圆，每片晶圆含有大约1000块芯片。假设将所有这些芯片的连线连接起来，总长度将达到10亿千米，可以绕地球近25000圈。

在日本熊本县菊阳町，一片超过20公顷的工地上，整齐排列着多台起重机。

这是台积电熊本工厂的建设现场。新工厂将雇用1700人。其中，300人由台积电派遣，200人从索尼集团外派，其余的人才将通过新人招聘方式引进。在当地，人才争夺战已经开启，工程师的薪资水平也随之水涨船高。

这个工厂将生产28纳米和22纳米的逻辑芯片，这些是日本最需要且产量最大的半导体产品。将来，随着需求向更微细化的制程迁移，该工厂计划生产16纳米和12纳米的FinFET。日本在28纳米以后的半导体投资原本无以为继，但这次，日本将高兴地说：感谢中国台湾的投资！

此外，台积电还在日本茨城县筑波市开设了3D IC研究开发中心。要实现芯片的三维封装，缩短数据的传输距离，需要得到日本材料的助力。我们将发掘新的材料，并与3D IC研究开发中心携手合作，共同探索如何充分利用日本材料的方法。

数字社会的基础设施

提到基础设施，我们通常会想到道路、港口、铁路、机场等交通基础设施，以及城市的上下水道等城市基础设施，还有发电和输

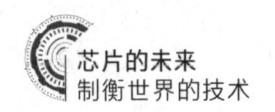

电的能源基础设施。这些都是20世纪的基础设施。而21世纪的基础设施将是半导体以及使用半导体的高度复杂的计算和通信网络。

  在第二次世界大战后的重建期，日本以建设资本密集型的工业社会和工业强国政策取得了成功。然而，当意识到遇上大规模生产和大规模消费的增长限制时，日本民众开始思考，未来应该去实现和发展的社会是，超越工业社会和信息社会的以人为中心的社会。这个社会应该是一个知识密集型的社会，一个能够利用数据并分享智慧的社会。也就是说，从资本密集型的工业社会转变为知识密集型的知识价值社会。

  当社会从资本密集型转变为知识密集型时，产业结构也会发生变化。在资本密集型社会，价值来源于物品。材料是资源，我们通过组合这些材料制造零件，再把这些零件组装在一起制造成产品。芯片就是一种零件，其成为产品后，因为给用户带来服务、设计和其他知识或信息，使用户满意，从而产生了价值。

  然而，当社会转变为知识密集型时，价值创造的主体会发生转变，价值会从物品转移到知识和信息，资源将从材料转变为数据。我们通过物联网收集数据并通过AI进行分析，然后将其转化为服务和解决方案，送达给用户。半导体，作为这个过程运转的载体，将通过延长终端电池寿命和提供更快速的处理能力来满足用户需求，从而创造价值。

  因此，以前运输材料的道路、港口、铁路和机场是社会的基础设施，而到了数字社会，运输数据的物联网、5G和AI将取而代之，成为数字社会的基础设施。

在半导体作为零部件的时期，成本是最重要的考虑因素。如果是标准化的、相似的零件，那么价格越低越好。然而，随着微细化技术的难度增加，我们将开始在性能上进行竞争。**最近常用的衡量标准是PPAC（Power，Performance，Area，Cost，即功耗、性能、面积和成本）**。换句话说，它是成本性能的比较。

支撑数字社会基础设施的半导体还需要考虑时间性能。因为基础设施市场的更替需求较小，投入市场的产品将会被长期使用。**因此，加入了投入市场所需时间或周期指标的PPACT（Power，Performance，Area，Cost，Time to Market，即功耗、性能、面积、成本、投入市场所需时间）将成为竞争力的衡量标准。**

日本在20世纪的基础设施是优秀的，道路铺设遍及日本全国，交通工具准时运行。21世纪的优秀基础设施将意味着，能够让人们从日本任何地方连接到高速无线网络，并高效利用先进的计算资源。

为了应对1929年的大萧条，美国发布新政策，进行了多用途水坝等公共工程的建设，改善了基础设施。半导体技术是支持数字社会基础设施的基础技术。现在，我们的社会是否也需要一种新的数字政策呢？

广井勇的教诲

让我们再次回到100年前。

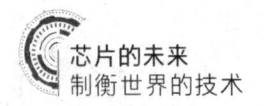

当时，广井勇在东京帝国大学教授土木工程学。在谈到"工程学的目的是什么"时，他这样说：

> 如果工程学只是使人的生活复杂化，那是没有任何意义的。如果我们可以通过这门学问，将几天的距离缩短为几个小时，将一天的工作缩减为一个小时，而空出来的时间没有被用来安静地思考人生、反省自我、回归信仰，我们的工程学就完全失去意义。

八田与一无疑也受到了广井勇的影响。

现在，我们不得不重温八田与一的精神和广井勇的教诲。

日本和中国这两个超越民族和国界的历史性项目将在熊本和筑波启动。我内心充满巨大的期待，全身因敬畏而颤抖，同时从身体深处涌现出了勇气。

【专栏】Rapidus 的战略

我们来看一下台积电的产品线,应有尽有。

在逻辑芯片领域,除最先进的 3 纳米工艺外,还包括传统的 5 纳米、7 纳米、10 纳米、16 纳米、20 纳米、22 纳米、28 纳米、40 纳米、65 纳米、90 纳米、0.13 微米、0.18 微米、0.25 微米、0.35 微米、0.5 微米等工艺,涵盖了自 20 世纪 80 年代以来所有的 16 个工艺。

种类也非常丰富,除了逻辑领域,还包括模拟、高频无线、混合 DRAM、混合非易失性存储器、图像传感器、高压电子元件、功率器件和 MEMS(微型电子机械系统)等。针对每种器件,台积电提供了多代工艺技术。

产品线总共有 80 种,而且产量也非常大。台积电晶圆生产能力为每年 1200 万片(以 300 毫米换算),其占据了全球晶圆代工

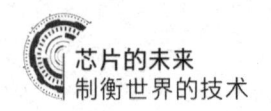

产量的60%。包括存储器等在内的所有类型的半导体中，竟然有13%是在台积电生产的。受到强烈的需求推动，台积电已经宣布计划在未来几年内大幅增加产能。本文提到的位于日本熊本县的新工厂，计划实现每年54万片晶圆的生产。

而新公司Rapidus的战略则完全相反。

Rapidus只在短时间内，以小批量的方式，生产全球最先进的产品。从2纳米工艺开始提供代工，只使用最先进的三代工艺技术。

对于这种战略，有人提出了不同的看法："为什么要直接跳到2纳米的工艺呢？这太冒进了。日本都已经停滞不前20年了，应该逐步推进才对。"

此外，还有人提出疑问："最先进技术真的能赚钱吗？真的有用户吗？"

我认为Rapidus的战略是正确的。

首先，最先进的技术是有利可图的。

实际上，台积电最赚钱的部分就是来自其最先进的技术。5纳米、7纳米和10纳米芯片的销售收入占了大部分销售额。

Rapidus的社长小池淳义本人也说："这可能超出了常识的范围。"事实上，这看起来确实违反了常识。

以往，芯片行业一直受到激烈的价格竞争的困扰。如果将最先进的昂贵的制造设备的成本全部转嫁到产品价格上，就会在竞争中输给其他对手。因此，厂家只能与竞争对手比耐力，即便是最先进的技术，也要以低价格进行竞争，等到新工厂的设备全部折旧完毕后，才能等到盈利的节点。芯片制造商通常需要3～5年的时间来

第二章　卷土重来

进行折旧。因此，以前的理解是，芯片制造商在最先进技术上是赚不到钱的，只有落后1~2代才能开始盈利。

但是，竞争条件已经发生了改变，最先进入市场的参与者正逐年减少。

例如，目前能够大规模生产3纳米芯片的只有台积电一家。到5纳米芯片时，三星和英特尔也可以大规模量产。如果是生产7纳米芯片，生产商的数量就增加到7家。如果是生产22纳米芯片，生产商的数量就有9家。换句话说，最先进半导体市场实际上是一个寡头市场。

而且，最先进芯片的需求总是存在的。这种情况在内存领域已经多次经历过。"谁能用得完那么大容量的内存？"这个问题总是被提出来，但总会有人看好下一代内存，并以此作为对新一代内存的需求来制订计划。

在对数据驱动型社会的期待升高的同时，数据中心的服务器需求也在增加。同时，预计DRAM的大竞争时代即将到来。市场预测，到2025年，DRAM的生产量将达到1700亿颗（以每颗2G比特计算），是2020年的2.5倍。

内存和数字是由冯·诺依曼架构产生的双胞胎。如果内存市场扩大，那么数字市场也会扩大。

总之，最先进芯片的需求正在扩大。

如果还是继续像以前那样，即使等上两年，用户也还是难以订到性能提高30%的下一代芯片，需求就会进一步增加。

在这种情况下，需求增加，供应不足，芯片生产商是否就可以

059

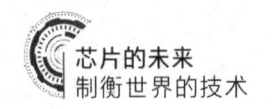

自由定价呢？台积电的销售收入过半数来自最先进的芯片，似乎在暗示这一点。

如果没有竞争对手的威胁，芯片生产商就可以获得先行者的优势，也可以完全转嫁成本价格。

其次，从技术的角度来考虑。例如，有人批评说："不应该一开始就挑战2纳米芯片，而是应该先从5纳米芯片开始，然后在3纳米芯片上磨炼技术，最后再去挑战2纳米芯片，这才是正常的顺序。"

在这种情况下，我们考虑到两种风险。一是对于5纳米芯片市场，台积电、三星和英特尔已经完成了折旧，如果它们想阻止Rapidus的进入，那应该很容易。二是从2纳米芯片开始，对晶体管将进行大规模改造，采用GAA纳米片场效应晶体管架构。GAA是一种创新的下一代晶体管器件。那么，即使在5纳米和3纳米上磨炼FinFET技术，我们也并不清楚FinFET技术积累能给GAA技术带来多少帮助。

如果是这样的话，我们不如从新一轮游戏的起点——2纳米芯片，开始重新崛起。与其参与大型晶圆厂之间的战斗，不如采取这样一种战略，接手那些大厂无法全部接手的小批量订单，这种战略或许会被市场接受。

创新始于小批量生产。对于创新来说，能够早期快速投入市场是非常重要的。因此，"快速"（rapid）可以创造价值。这就是Rapidus的策略。

不与大型晶圆厂竞争，而是相互帮助。我们不像它们那样提供面面俱到的各种产品，而是只生产高端产品。另外，我们并不进行大规模生产，而是进行短交货周期的生产。最终，这些产品当中必然会出现一些需要大规模生产的产品。通过这种方式，我们可以与大型晶圆厂共存，可以互为补充地为社会作出各自的贡献。而且，最重要的是，有期待这种策略的用户存在。

如果把半导体微细化竞争比作马拉松，那么比赛也已经接近尾声，从领跑集团中已经开始逐渐出现掉队的跑者，而领先者已经开始冲刺。所以，现在不是在领跑集团中，努力去寻找如何才能通过跟随跑减小空气阻力，或者去观察竞争对手动态的时候了。如果在这个时候，上天赐予我们力量，那么我们别无选择，只能是盯着领先者的背影全力以赴，力争一举超越。

这让我想起约翰·梅纳德·凯恩斯（John Maynard Keynes）的名言：

> 在这个世界上，最困难的事情不是接受新思想，而是摆脱旧思想。

第三章

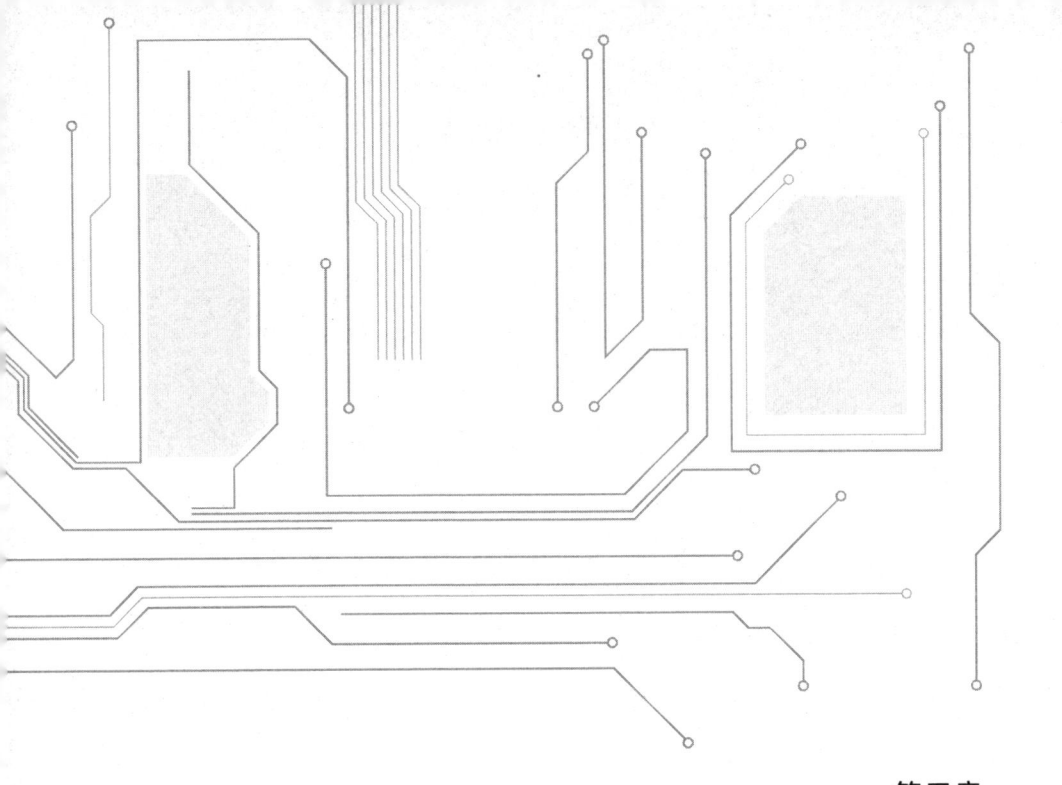

构造改革

1 大脑、计算机和集成电路短暂的历史以及未来

大脑、计算机和集成电路的诞生

138亿年前,突然出现一个巨大的能量团块,那就是宇宙大爆炸引发的。

能量和物质相互作用($E=mc^2$),宇宙迅速膨胀。最初的微小波动形成了银河系,约46亿年前诞生了地球。

物质遵循物理定律的规律不断演化,直到约40亿年前,地球出现了生命。生命将自身结构作为一种信息保存在DNA中,并进行自我复制。

生物使用突变和适者生存战术,在不确定的环境中生存了下来,

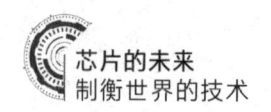

从单细胞生物进化到多细胞生物，再到植物、动物，最后逐渐多样化。

动物最终获得了中枢神经系统——大脑，以便获取外界信息并作出决策。随着时间的推移，哺乳动物在700万年前分化出人类，人类的大脑也在演化中不断进化。

为了生存，人类需要互相帮助。大脑创造了社会，孕育了心灵。人类开始认知自己的意图，并获得了传递意图的语言和逻辑思考能力。

数学诞生于3000年前。

数学扩展了人类的认知能力。在四大文明古国时期，人们使用计算工具和毕达哥拉斯定理来计算税收和测量土地。到了公元前5世纪的古希腊时期，比起简单的数学计算，数学的内部世界成为研究对象，数学从工具演变为思维方式。

在公元7世纪的阿拉伯，代数得到发展。到了公元15世纪的文艺复兴时期，代数符号被发明，数学获得了超越物理限制的普遍视角。然后在17世纪，微积分被发明，人们开始探索无限的世界，通过对极限和连续性的严格研究，人们创造出了超越主观直觉的抽象符号系统。

进入20世纪，"对思考数学本身进行思考的数学"也开始被研究。人们完全摒弃了模糊的物理直觉和主观感觉，将数学从大脑中解放出来，并最终发明了"计算机"这样的计算机器。

初期的计算机采用了在第二章中提到的"布线逻辑"方式进行

编程，通过切换运算器之间的连接来实现计算。这种方式有两个缺点：一个是"规模限制问题"，也就是说，预先准备的硬件规模决定了其所能处理的程序的最大规模；另一个是"大规模系统连接问题"，也就是说，系统规模越大，连接的数量越多。解决这些问题的是约翰·冯·诺依曼和杰克·基尔比。

通过将单纯化和微细化的运算资源集成到芯片上，并提高并行处理能力，计算机的性能得到了飞跃式的提升。高性能计算机使更大规模的集成电路设计成为可能。在摩尔定律的引领下，计算机和集成电路实现了共同发展（见图3-1）。

研究所	设计室	办公室	家	便携	眼镜	体内
1975年	1985年	1995年	2005年	2015年		

图3-1 芯片的微细化缩小了计算机的尺寸，两者互利、协调发展

集成电路的增长与限制

集成电路的性能成本比，可以通过微细化技术实现指数级的改进。这一被称为"摩尔定律"的经验规则，既是集成电路的指导原则，也是其成长历程的剧本。

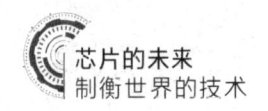

这一成本的高低取决于光刻技术，但当光刻技术接近微细化的极限时，我们需要采用复杂的工艺，例如将多个光刻掩膜组合在一起。结果，成本不断上升，晶体管的单价也随之上涨。实际上，从16纳米制程那一代（2015年）开始，晶体管的单价就已经开始上涨。

然而，从7纳米制程那一代（2019年）开始，采用了极紫外线（EUV）光刻技术，晶体管的单价似乎又开始下降。这是因为工艺再次简化，制造成本降低。

因此，当前的挑战不再是成本，而是性能改进所面临的限制。当电力消耗过程中，发热达到极限时，无论将电路集成到何种程度，我们都无法进一步提高性能，这已经成为亟待解决的问题。

每单位电力的处理性能，即电力效率，将决定摩尔定律的命运。没有电力效率的提高，就无法实现性能的提升。

微细化技术的一个副作用是导致半导体元件的耗电增加。实际上，如果微细化技术可以确保电场效应晶体管的电场保持稳定，那么耗电本应该不会增加。

但实际上，从20世纪80年代到90年代中期，由于人们想让电路高速运行，所以在微缩设备的时候并没有降低电源电压。结果，电力每3年增加4倍，在15年的时间内增加了3个数量级。

由于电力消耗过大，所以自1995年以来一直在降低电源电压，但由于设备的内部电场已经过高，电流并未显著减少，电力消耗仍在每6年翻1倍。

由于电力消耗增大是微细化的副作用，所以寻找有效的对策并不是一件容易的事。我们需要重新审视问题，回到起点来思考。

减少电力消耗的策略有三个：降低电压（U）、降低电容（C），以及减少开关次数（fa）。[20]

降低电压可以有效地减少电力消耗，但也存在一定的限制，其中最主要的障碍是漏电（leak）。

如果在不把栅极的绝缘膜做薄的前提下，进行晶体管微细化，那么控制晶体管开关的栅极的效能就会下降，这可能导致晶体管无法完全关闭。

结果，即使电源电压进一步降低，在电路变慢后，漏电占比也相对增大，这成为电力消耗的主导因素，最终电力消耗反而会增大。我们今天使用的处理器的电力效率在电源电压大约为 0.45 伏特时达到最大。

为了减少漏电，人们对材料、工艺和结构进行了改进。例如，将晶体管做成立体结构并用栅极覆盖，以提升栅极的控制能力。7纳米制程那一代的FinFET技术就比预期更成功地减少了漏电。

从通用到专用，从 2D 到 3D

在室内温度下，CMOS栅极的多级连接最低电压的理论极限为0.036伏特。低电压化策略只剩下1个数量级的改善空间，换算成耗电量计算的话，只剩下2个数量级的改善空间。

另一种提高电力效率的策略是低容量化。与通用的CPU或GPU相比，像ASIC或SoC这样的专用芯片，可以去除多余的电

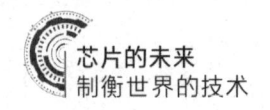

路进行低容量化，从而使电力效率提高 10 倍以上。

此外，数据传输要比计算消耗更多的电力。特别是当从芯片内部输入和输出数据时，芯片的电力消耗会增加 3 个数量级。冯·诺依曼架构所要求的 DRAM 访问已成为电力的瓶颈。

芯片数据连接的关键在于，连接的界面应该是面而不是边。芯片内部的集成程度是按照缩放比的平方高度集成的。但是，由于用于连接外部设备的输入和输出设备主要位于芯片外围，所以其集成程度与缩放比成正比。这导致数据通信无法跟上芯片内部性能的需求。

解决这个问题的一种方法是堆叠芯片，并在整个面上进行连接。将集成级别从 2D 进化到 3D，可以大幅提高电力效率。

在摩尔定律放缓的情况下，对传统技术继续延伸拓展已经无法应对，而破坏性创新技术（非传统技术）的实用化机会在不断增加。

2　微细化的剧本——指数函数的奇迹

理想的微细化剧本

集成电路发展的基本原理是电子器件的微细化，即制造的微细化，通过增加器件的集成度，降低芯片制造成本并提高性能。

集成度一直在提高，DRAM 每 3 年提高 4 倍，处理器每 2 年提高 2 倍。这个经验法则被广泛称为"摩尔定律"。

单块芯片的制造成本计算方法是，把每片晶圆的制造成本除以从一片晶圆上得到的良品芯片数量。[21]

通过改进光刻和制造工艺技术的方法，器件尺寸实现了微缩。同时，我们可以通过增加晶圆直径和改进制造技术来提高良品率，增加良品芯片的数量。[22]

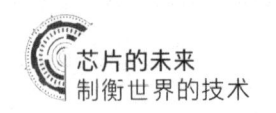

回顾过去 50 年，器件每 2 年微细化 20%，芯片尺寸增加 14%。因此，每 2 年可以集成的电子器件数量翻倍（$1.14^2 / 0.8^2$）。

通过将设备构造成 3D 结构和改进电路设计，DRAM 每 3 年实现了 4 倍的高度集成化。然而，这些设计的改进即将接近极限，据说 DRAM 的微细化将很快停止。

接下来，我们来讨论性能将如何变化。如果器件的尺寸和电压都同时缩小到原来的$1/α$，那么在晶体管内部的电场可以保持不变。[23]这种"电场恒定的微细化"，可以确保场效应晶体管在微细化前后的工作性能相同。

当器件的尺寸缩小到原来的$1/α$时，流过晶体管的电流和电容也将缩小到原来的$1/α$。因为电流与器件尺寸变化成正比，所以电流变为原来的$1/α$。而电容则是面积除以距离计算出来的，如果面积缩小到原来的$1/α^2$，那么电容会缩小到原来的$1/α$。[24]

当电压、电流、电容分别缩小到原来的$1/α$时，电路的延迟时间也缩小到原来的$1/α$。因为电路的延迟时间可以通过电容乘以电压除以电流计算得出。[25]

在这里，我们计算单位面积的电功率，也就是功率密度，由于它可以由"电压 × 电流 ÷ 面积"计算出来，所以在$1/α$微细化情况下，它不会改变。尽管人们可能会感觉到随着集成度的提高，散热变得困难，但功率密度保持恒定，散热几乎成比例提高，所以不会出现散热问题。这真是一个非常理想的场景。

现实中的微细化及其副作用

然而，事情并未按照理想的方式进行。

微处理器的运行频率在10年内提高了大约50倍。其中，有13倍的提高来自微细化效应，有4倍的提高是由于架构的改进。

换算一下，运行速度每2年提高了1.6倍。在电场恒定的微细化法则中，运行速度每2年提高1.2倍，所以速度提高了很多。

实际上，1995年之前，我们在微细化器件的同时并未降低电源电压。也就是说，我们早期进行的是"电压恒定的微细化"，而不是"电场恒定的微细化"。

在这种情况下，电流增加 α 倍，电容缩小到原来的 $1/\alpha$，因此，电路的延迟时间缩小到原来的 $1/\alpha^2$，电路运行速度更快。然而，功率密度急剧增加到原来的 α^3，发热量也相应地成比例增加。[26]

这种情况发生的原因之一是，处理性能越高，芯片的市场需求越大；另一个原因是，最初芯片的电源功率很低，所以电源功率的增加并未引起太大关注。

然而，在1980年到1995年的15年间，芯片的电源功率增加了1000倍。结果，单位面积的发热量达到了烹饪用的电热板的30倍。

如果不能有效散热，设备内部的温度会升高，从而导致可靠性下降。一旦遇到功率壁垒，电路就无法进一步集成。

因此，功率的壁垒是过度微细化的副作用。

自1995年以来，电源电压已逐渐降低。

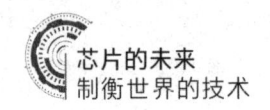

当然，大家也一直在做一些细致的工作，致力于节约电力。例如，当不使用电路时，我们会及时关闭电源；当不需要高性能产品时，我们会降低电源电压。

虽然这些看起来像是我们在日常生活中会采取的节电措施，但在一个集成了超过 1 亿个晶体管的大规模集成电路中，要发现哪一个模块的用电是可以节约的，并非易事。

电源电压的理论下限是室温下 0.036 伏特。如果低于这个值，CMOS 电路的增益就会小于 1，这将阻碍多级数字电路的连接。

但实际上，由于关闭的晶体管存在漏电流、器件的差异以及噪声等问题，要将电压降低到 0.45 伏特以下是非常困难的。

自 28 纳米工艺开始，这样的晶体管的数量急剧增加。虽然晶体管被大规模集成了，但无法同时使用，即所谓的"暗硅"（Dark Silicon，无法供电、保持暗状态的晶体管）现象。同一时刻只能有很少的一部分栅极电路能够工作，其余的大部分处于不工作的状态。这部分不工作的栅极电路，就叫作"暗硅"。即使功能能够集成，但是该功能的性能发挥会变得困难。

因此，可以说现在只有那些能够提高电力效率的人，才能实现性能的提升。可以这么说，事实上，没有电力效率的提高，就不可能实现性能的提升。

除了降低电源电压以外，另一种提高电力效率的手段是减少电容的大小。也就是说，我们将集成级别从 2D 扩展到 3D。将芯片进行堆叠以实现 3D 集成的技术，这种方式将决定未来集成电路的命运。这是因为，芯片的厚度比芯片的宽度小了 3 个数量级，如果将芯片堆叠成 3D，那么芯片之间的连接距离可以大幅度地缩短，从而可以大幅度地减少电容。

无法直观地感受到指数函数的神奇之处

有一位负责看护池塘中锦鲤的老人，为了确保有足够的氧气进入水中，他会不定期地摘除荷叶。因此，荷叶的数量不会快速增长。但是，他大约有一周的时间出门了，回来之后发现池塘已经被荷叶覆盖了。

这个故事很好地展示了指数函数的特性（这也同样适用于新冠病毒感染者数量的增长）。

我们通过直觉来理解事物发生的变化，通常是将发生的变化近似为线性变化来理解。这种感觉是人们在远古时代，于丛林中为了保护自己不受野兽攻击（等速运动）时获得的，它被刻入了人类的 DNA 中。即使在现代社会，我们通常也会通过线性方式来估计过去的变化和预测未来的变化。

然而，芯片创造的世界是以指数函数的形式增长的。AI 就是其中之一。AI 突然出现在这个世界上，然后迅速发展的原因就在这里。

由芯片生成的数据也是在以指数函数的速度急剧增加。互联网的通信量以每年增长 4 倍的速度急剧增加，这就是吉尔德定律（Gilder's Law）。

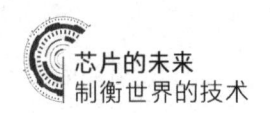

21世纪后半叶，可能会出现一块芯片，集成了与全人类脑神经元总数相应数量的晶体管。而且，如果全球的芯片都通过无线连接，那么一个巨大的大脑就可能会出现在地球上，这并不是什么遥不可及的梦想。

自从集成电路发明以来，短短 100 年间，世界已经发生了翻天覆地的变化（见图 3-2）。

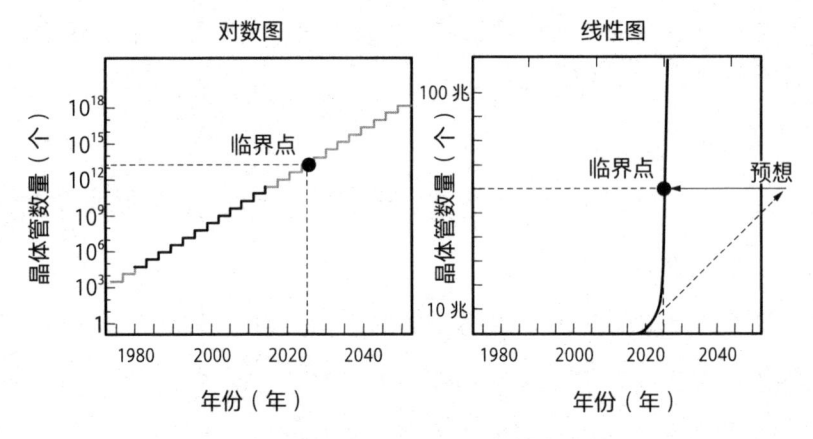

图 3-2　即使技术以指数的速度发展，人们的直觉也是线性的，因此变革比预期来得更快

3　芯片结构调整——减少漏电

晶体管的结构改革

晶体管有三个端口。源极是电荷的供应口，漏极是电荷的排放口，栅极则像水闸一样调整电荷的流动。通过改变栅极的电势，我们可以控制电荷从源极流向漏极，或者停止流动，从而实现了开关的功能。

晶体管的制作方法：首先，涉及半导体基板的表面氧化后形成一层薄薄的氧化层；然后，在其上放置金属栅极；接着，从上方注入与半导体基板中杂质极性相反的杂质，这样，源极和漏极就形成在栅极两侧的半导体基板表面上。[27]

由于栅极的横截面形成了金属‐氧化物‐半导体（Metal-

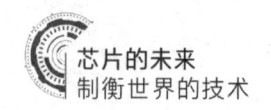

Oxide-Semiconductor）的结构，因此这种晶体管被称为 MOS 晶体管。在 P 型半导体（其中正电荷，即空穴占多数）中形成源极和漏极的 MOS 被称为 PMOS，而在 N 型半导体（其中负电荷，即电子占多数）中形成源极和漏极的被称为 NMOS。

我来解释一下 NMOS 的工作原理。源极中积聚了电子。当栅极与源极电位相同时，源极和漏极之间的 P 型半导体基板与源极之间会形成电子屏障，即使在漏极和源极之间施加电压，电子也无法流向漏极。

然而，当栅极被施加的电位比源极高足够多时，栅极下面的 P 型半导体基板表面会转变为 N 型，形成了电子的通道，这样电子就会从源极流向漏极。电流的流动方向与电子的运动方向相反，所以电流从漏极流向源极。

PMOS 的工作方式与此恰恰相反。源极中储存着空穴。当栅极被施加的电位比源极低足够多时，形成了空穴的通道，这样空穴就会从源极流向漏极，电流也沿同一方向流动。

如果我们把 PMOS 和 NMOS 的源极分别接到电源和地线，然后把它们的栅极相连作为输入，将漏极相连作为输出，就能构建出 CMOS 反相器。

当在 CMOS 反相器的输入端输入低电位（L）时，NMOS 关闭而 PMOS 开启，从电源流出的电流使输出端为高电位（H）。同理，当输入端为高电位（H）时，电流从输出端流向地线，输出端为低电位（L）。

由于 PMOS 和 NMOS 不会同时开启，所以电源和地线之间不会持续有电流流动。电流仅在输出电位从 H 到 L 变化时被使用，因此功率消耗低。因为 PMOS 和 NMOS 以互补的方式工作，所以被称为 CMOS。

然而，当晶体管变小时，漏极和源极之间就会发生漏电（电流泄漏）。为了理解其中的原因，我们需要更详细地了解通道是如何形成的。

让我们回到 NMOS 的工作原理。为什么当给栅极提供一个比源极高得多的电位，P 型半导体基板的表面就会反转变为 N 型并形成通道呢？

我希望你能回忆一下平行放置的两个金属电极形成的电容器。首先，在一块金属板 A 上施加正电荷，电荷会均匀分布。

接着，如果我们将一块未带电的金属板 B 平行接近它，由于静电感应，金属板 A 的正电荷将在接近过来的金属板 B 的内侧产生负电荷，这将使等量的正电荷在金属板 B 的外侧极化。这样的结果就是，金属板 A 的正电荷也会集中在该金属板的内侧。

然后，如果将金属板 B 接地，那么金属板 B 外侧的正电荷会流向地线。然而，金属板 B 内侧的负电荷由于受到金属板 A 的正电荷的吸引而不能移动。因此，电荷被存储在电容器的内部电场中。

在这里，我们用 P 型半导体基底替换了金属板 B，这就是 NMOS。

当给金属板 A 的栅极一个比源极高得多的电位时，栅极就会得到正电荷，与栅极对应的 P 型半导体基板表面会蓄积负电荷。当这

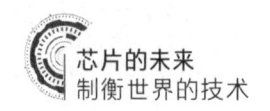

些负电荷,即电子足够多时,半导体基板的表面会"反转为 N 型",从而形成电子的通道。

因此,通道是由栅极的电场效应控制的。

然而,除了栅极,其实还有其他可以影响通道的电容器,那就是漏极。

事实上,在漏极和半导体基底的界面处,漏极的电子会扩散到 P 型半导体基底,而 P 型半导体基底的空穴会扩散到漏极中。这就像在一个容器中,原本有一块分开砂糖和盐的板,当这块板被移除,两者开始混合。不同的是,电子和空穴之间会产生静电作用,因此少量混合后就不再有进一步的扩散。

结果,在漏极和半导体基底的界面,形成了一个空乏层,那里缺乏可移动的电荷。这个空乏层作为绝缘膜,形成了电容器。

当晶体管变小时,漏极和源极的距离变短,漏极的空乏层接近源极。也就是说,从源极来看,漏极也成为一个小型的栅极。

因此,即使关上栅极,给漏极一个正电压,源极中阻挡电子移动的障碍也会稍微下降,从而导致漏电。

即使是微小的漏电,当集成了 100 亿个晶体管时,也就形成了大量的漏电。

漏电的原因在于栅极的控制能力下降。那么,如何改善栅极的控制能力呢?

首先,采取了改变材料的办法,也就是把栅极氧化膜更换为介电常数较高的材料。这是一种有效的方法,但随着微细化技术的进步,其效力也在逐渐减弱。

接下来只能改变结构。[28] 于是，就有了先将栅极分成两部分，再用这两个部分的栅极从两边夹住通道的结构。由于在通道下方增加新的栅极会增加制造成本，所以他们使半导体基底的表面上的通道立起，并在其两侧创建栅极。

这就是 FinFET（见图 3-3）。之所以叫这个名字，是因为这是一种形状类似鱼的鳍（Fin）的场效应晶体管结构。该结构从 16 纳米制程那一代开始被采用。

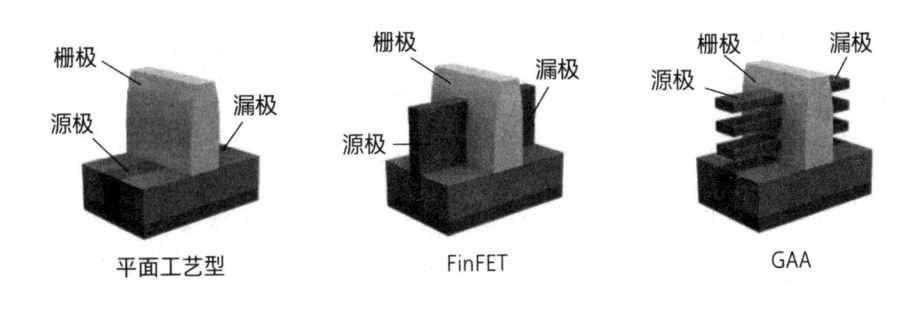

图 3-3 晶体管结构改革

资料来源：泛林半导体（Lam Research）。

到了 2 纳米制程那一代，需要有能够进一步增强栅极控制能力的结构，因此，研究者正在研发一种用栅极去包围通道的新结构，这种结构被称为 GAA。薄薄的通道被栅极包围，需要在开启时能够流过足够大的电流。因此，研究者正在研究相应的材料属性。

为了能够更好地理解这一点，我将使用一个大胆的比喻。如果你想要截断软管的水流，那么传统方法是，我们用食指从上面压住软管来停止水流（平面工艺型），但这样做会造成泄漏。然后我们

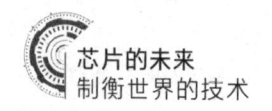

尝试着用拇指和食指从两侧夹住软管（FinFET），还是存在部分泄漏。最后，我们用五个手指紧紧抓住软管（GAA）。

线路结构的改革

随着电路集成度的提高，芯片的功耗和发热量也随之增加。为了防止芯片由于温度过高而出现故障，我们会预先设定功率上限。

为了提高集成度而不增加功率，降低供电电压是一种有效的方法。将电源电压降低一半，可以将CMOS电路的功耗降低为原来的1/4，这意味着我们可以将集成度提高到原来的4倍。20世纪80年代的供电电压是5伏特，而现在是0.5伏特。从理论上讲，如果在室温情况下，我们可以将供电电压降低到0.036伏特。

然而，在降到该电压之前，我们遇到了一个重大问题，那就是供电线路。

电力功率是由电压和电流的乘积决定的。如果我们为了提高集成度而降低电压，由于集成度提高，功率到了上限附近，也就是功率一定的情况下，那么电流就会相应增加。例如，如果功率是50瓦特，电压是5伏特，那么电流就是10安培。但如果电压降低到0.5伏，那么电流就会增加到100安培。

微波炉和电热板的电流是10安培。那么，我们怎样才能向1平方厘米的小芯片供应10倍大的电流呢？

为此，我们必须使供电线路变得更粗、更厚。结果，芯片的供电线路开始违背微细化原则，变得更厚、更多层。在半导体基板上形成的线路层，在 20 世纪 80 年代是 2~3 层，而最近已经超过了 15 层。

低层用于短距离的线路，中层用于长距离的线路，而上层用于供电线路。越低的层次越薄、越细，越高的层次越厚、越粗。线路的大部分体积都被用于供电线路。就像人体从毛细血管到大动脉，各种线路被铺设在整块芯片上。

微细化晶体管越多，供电线路就必须越厚、越粗。为了解决这个矛盾，人们开始尝试从结构上进行改革，试图将供电线路埋入半导体基板中，并从芯片的背面供电。

极限论的趋势

微细化即将达到极限，这样的论调已经被反复提及了许久。

自 20 世纪 80 年代以来，这种观点一直不断地被提出。但实际上，微细化仍在持续，这一事实已经超越了之前所有的预测。

有些人会称这个现象为"极限论的趋势"。"再过 10 年就会达到极限"的声音已经持续了 40 年以上，这是一种讽刺。然而，从另一个角度来看，这种声音也揭示了我们若无所作为，10 年以后这些东西真的可能会成为极限，而这也可以认为是我们已经超越了这些预设的极限。

实际上，将栅极氧化膜替换为高介电常数材料，曾经是一项看似不可能胜利的挑战。我们之所以能够高效率地生产出超过 1000 万个晶体管的芯片，正是因为我们能在硅基板表面进行氧化，从而

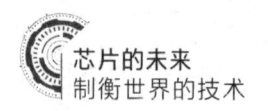

形成优质的栅极氧化膜。尽管存在着大量质疑的声音，很多人认为这是不可能实现的，但高介电常数栅极绝缘膜的应用已经成为现实。

此外，近半个世纪以来，晶体管的平面型结构已经被大胆地改革为 FinFET 或 GAA。并且，在 GAA 的 PMOS 和 NMOS 上下堆叠的结构、CFET（互补场效应晶体管）结构的研究也已经开始。看来，我们将不得不每十年重新编写一次教科书。

英特尔的首席执行官帕特·格尔辛格曾在 2001 年发出警告："当前的 CPU，每平方厘米的表面功率超过了 100 瓦特，这么高的功率密度已经接近于原子反应堆。在英特尔的奔腾系列处理器时代，这个水平只是电热板的级别，但如果这种情况持续下去，那么 10 年后将达到与太阳表面相同的表面功率密度级别。"当然，这个危机已经被成功避免了。

我在东芝研究中心工作时，一位前辈曾经教导我："永远都不要说不可能。因为即使你现在认为不可能，将来也可能成为可能。你应该说这很困难。" 这一点我永远铭记在心。

4　人工智能芯片——向大脑学习

计算机的诞生，起源于数学

在古代，人们用手指计数，用步数测量距离，然而，人们无法理解大数字。因此，在四大文明古国时期，计算器出现了，扩大了人们的认知能力。

正如前文所述，自古希腊时代以来，数学内部的世界已经成为研究对象，数学从一种工具演变为一种思维方式。在15世纪的文艺复兴时期，代数符号被发明出来，使得人们能够考虑现实世界中无法表达的 n 维空间。因此，数学获得了一种不受物理限制的普遍视角。

到了17世纪，随着微积分的提出，人们能够探索无限的世界，

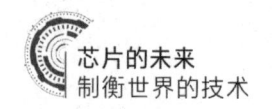

通过对极限和连续性的概念进行严密的思考，超越了主观直觉的抽象符号系统被创造了出来。进入 20 世纪，甚至出现了"对思考数学本身进行思考的数学"的研究。

如此一来，数学不再局限于身体，它从身体中解放出来，寄宿在大脑中，完全摒弃了物理直觉、主观感知等模糊概念，最终从大脑中涌出，那就是计算机。在最初的电子计算机中，真空管经常发生故障。真空管是通过加热电极后发射电子到气体中，从而控制这些电子流动的设备。就像家用白炽灯一样，随着时间的推移，电极会逐渐变细，直至断裂。

1948 年，人们发明了可以在固体中控制电子流动的晶体管，这一发明显著提高了设备的可靠性。

此外，布线决定计算机功能的"布线逻辑"存在着两个主要问题：一个是"规模限制问题"，即可以处理的程序的最大规模受到硬件规模的限制；另一个是"大规模系统连接问题"，即系统规模增大时，连接数量也将大大增加。

为了应对这些问题，约翰·冯·诺依曼发明了一种被称为"程序内置方式"（冯·诺依曼架构）的技术。这一架构不是物理上连接多个运算器，而是让一个运算器在每个周期内执行不同的指令，从而解决了规模限制问题。与此同时，杰克·基尔比在 1958 年发明了集成电路。他使用光刻技术将元件和连线集成到一块芯片上，解决了"大规模系统连接问题"。不久，人们发现硅是制作集成电路的最佳材料。[29]

通过这些方式，简化和微细化的运算资源被集成和并行化到硅芯片中，计算机的性能得到了飞跃性的提升，高性能计算机又进一步使得更大规模的集成电路设计成为可能。

这样，冯·诺依曼架构、集成电路和硅的技术融合，推动了计算机和芯片实现指数级的发展。

工作需要消耗能量。电子回路的工作量，即性能，受到供电和散热的限制。提高能量效率或提高电力流动的速度，即电力效率，就能提高芯片的性能。

在过去的 20 年间，芯片的电力效率已经提高了 3 个数量级，达到了大脑的 1/100。与此同时，芯片的集成度也达到了大脑神经细胞的 1/100。如果能保持这样的势头，10 年后芯片有望赶上大脑的性能水平。

然而，在冯·诺依曼架构中，大量的数据和指令在处理器和内存之间频繁交换，这就像一个狭长的瓶颈（冯·诺依曼瓶颈）。此外，当硅芯片进入 21 世纪，器件尺寸小于 100 纳米之后，量子效应开始显现，无法抑制漏电。这表明，半个世纪前诞生的计算机和芯片的增长已经接近极限。

然而，在接近极限之前，计算机已经获得了自我学习的能力，这就是机器学习，并且产生了模仿大脑神经网络的 AI 芯片。

向大脑学习的 AI 芯片

虽然神经网络（NN）设计的核心技术在 20 世纪就已经被开发

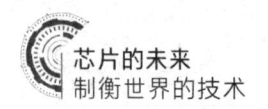

出来了，但是因为表征空间过于庞大，使得训练超过4层以上的深度神经网络变得非常困难。

然而，进入21世纪之后，自动编码器成功实现了深度学习化，并且由于计算机性能的提高，达到足以支撑深度学习训练的性能。相比传统的信息处理，深度学习显示出了压倒性的处理性能，并迅速被推向实际应用。[30]

同时，电路网络的构成和架构的研究也取得了进展。在图像识别领域中，只连接近邻信号的卷积神经网络（CNN）取得了成功。在音频或自然语言处理等时序数据的识别处理中，研究了递归神经网络（RNN）和长短期记忆网络（LSTM）。最近，Transformer架构（一种神经网络模型）受到关注。该结构引入了关注重要部分的注意力机制，采用自注意力机制（Self-Attention），而不使用递归神经网络的递归结构。

这些都是以人类的大脑为线索进行的研究。其中被认为最重要的是神经网络的修剪。

人类大脑的突触在人出生时只有大约50万亿个，但在出生后的12个月内增加到了1000万亿个。然后，通过学习，突触会减少。因传递信号而被强化的突触会被保留下来，没有信号通过的不必要的突触就会被修剪掉。到了10岁左右，突触的数量减半，之后变化较小。

换句话说，在婴儿期早期，大脑形成了接近完全连接的神经网络，但随着学习的进行，不必要的连接被移除，只保留必要的连接。

这样，就形成了没有浪费的功能性大脑回路。

儿童的大脑因学习而变大，成人的大脑为了有效地进行推理而被修剪。出生时小，成长后变大，再通过社会学习，这可能是大脑发达的哺乳动物的生存策略吧。

大脑与硅脑

我们来谈谈大脑和硅脑之间的故事。由数学衍生的冯·诺依曼架构的计算机，通过预先编程的状态转换进行稳健的信息处理。这就像基于遗传形成功能的丘脑、杏仁核和小脑。

接着，从大脑中学习到的布线逻辑型神经网络，在开放系统中持续学习并进行修剪，从而进行能源效率高的时间不可逆的柔性信息处理。这就像在社会中学习的大脑皮层。

因此，我们可以参照人脑来设计硅脑（见图3-4）。那么，硅脑是否会和人脑有相同的结构呢？在图3-4中，处理器扮演丘脑、杏仁核和小脑的角色，而神经网络则扮演大脑皮层的角色。

"这是一个惊人的动态范围！"

1981年，那个大声喊出这句话的是我的研究室前辈合原一幸（现为东京大学特别教授）。当他在计算机上解析了描述神经轴突活动电位生成和传播的非线性微分方程式，即霍奇金 – 赫胥黎（Hodgkin-Huxley）方程式时，他发现神经轴突的电阻值发生了巨大变化。

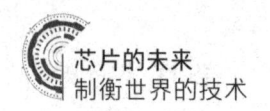

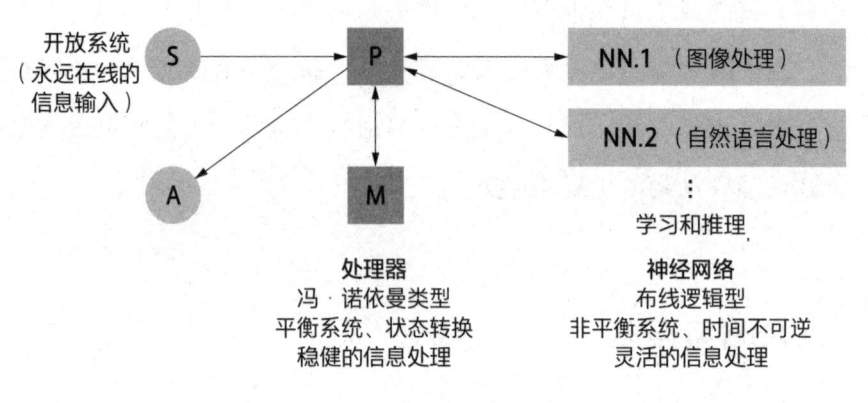

```
开放系统
（永远在线的    S ──→ P ←──→  NN.1（图像处理）
 信息输入）         ↑
                   ↓         NN.2（自然语言处理）
         A         M              ⋮
                              学习和推理

         处理器              神经网络
      冯·诺依曼类型          布线逻辑型
   平衡系统、状态转换      非平衡系统、时间不可逆
     稳健的信息处理          灵活的信息处理
```

S——传感器；A——执行器；P——处理器；M——存储器；NN——神经网络。

图 3-4　硅脑

制造具有相同特性的人造物并不容易。大脑和硅脑可能会像鸟和飞机一样，基于不同的原理和结构。

神经网络的功能也是由其连线决定的，因为第二章提到的布线决定计算机功能的"布线逻辑"。我对制成后还能够对布线重新进行编程控制的FPGA寄予厚望。

【专栏】LSTC 的战略

技术研究组合最尖端半导体技术中心（Leading-edge Semi-conductor Technology Center，简称 LSTC）于 2022 年 12 月 21 日成立。

该中心的使命是建立开放的研究开发平台，为了能够实现在短周转时间内量产 2 纳米制程或更小的下一代半导体，进行研究开发并制定涵盖设计、器件、制造、设备和材料等方面的技术战略。短周转时间，是指缩短从研发或生产开始到结束的时间。具体的开发任务包括：能够在短周转时间内设计和验证电路的工具和方法，超越传统半导体性能的创新半导体器件技术，有助于短周转时间内实现 2 纳米以下制程半导体开发的制造和测量技术，有助于半导体高性能化的材料，同时实现硬件性能提升和短周转时间的 3D 封装技术，以及可能创造新产业的新型设备。

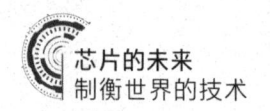

为了加速解决这些问题，LSTC 将积极与美国国家科学技术委员会（NSTC）和欧洲的 IMEC 进行合作。

同时，为了实现半导体产业的持久繁荣，LSTC 将致力于培养半导体领域的人才。

LSTC 的成员包括承担半导体相关科学技术研究和教育的产业技术综合研究所、理化学研究所、物质·材料研究机构、日本东北大学、筑波大学、东京大学、东京工业大学、大阪大学、高能加速器研究机构，以及负责量产的 Rapidus 公司。

在考虑 LSTC 的战略时，有两个技术研究协会的案例可以作为参考。

第一个例子是 VLSI 技术研究协会。

该协会从 1976 年到 1980 年开展活动，并对日本半导体产业在 20 世纪 80 年代的繁荣产生了影响。包括富士通、日立制作所、三菱电机、东京芝浦电机（现东芝）、日本电气、日电东芝信息系统和计算机综合研究所在内的 7 家公司联合起来，共同研发面向 VLSI 的制造设备和大口径高质量晶圆的制造技术。这两项技术课题也是这些公司的共同课题。这些公司开发的缩小投影型曝光装置（Stepper）占领了全球市场，并使半导体制造设备的国产化率从 20% 提升到 70%。[31]

和竞争对手的技术人员一起工作，一起解决共同技术课题的方法，成为全球的典范。

第二个例子是先端系统技术研究组织，即 RaaS。

从 2000 年开始，日本的半导体产业开始衰退，然而，RaaS 通过制定战略，留住技术和人才，以此为未来复苏期培育希望。其战略目标是改善能源效率和开发效率。这是一个顺应时代潮流的策略，为 Rapidus 和 LSTC 的策略铺平了道路。

RaaS 于 2020 年在民间力量的推动下启动，凸版印刷、松下、日立制作所、迈瑞斯科技四家公司参与其中。在日本半导体产业撤退潮的背景下，理解硬件力量的企业家们在临界时刻作出了艰难的决定，坚持不走。此外，外国的 EDA 供应商和晶圆代工厂的日本分部也担心日本的半导体产业会枯竭，因此向总部求援，全力支持 RaaS。

通过这些力量的集结，他们能够创建当时最先进的 7 纳米制程的设计环境。

此外，从 2023 年 4 月开始，爱德万测试和理化学研究所也加入了 RaaS。他们将在为科学作贡献的半导体的引导下，推动半导体的民主化。

还有，为了提高能源效率，日本成立了一个由强大技术团队组成的 3D 集成技术研究开发机构 NEDO（新能源和工业技术开发机构），该机构已于 2021 年启动。株式会社斯库林集团、松下连接器（Panasonic Connect）、大金工业和富士胶片公司都加入了这个机构。他们将致力于开发解决瓶颈的技术。

LSTC 可以从这两个技术研究组织中学到很多。

首先，在国际合作中，我们应该团结一致，在着重研究改善能源效率和开发效率这两个全人类共同面临的课题上，推进研究开发。

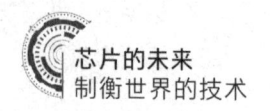

其次，创建一个繁荣的产业生态系统，并促进生态系统中的成员实现共生和共进化，这将有助于实现可持续和灵活的产业发展。

然后，我们应该寻求总体优化，而不是部分优化，在从设计到设备、制造、装置和材料的全领域的学术上发起全面动员。[32]

最后，归根结底，技术的决定性因素是人。也就是说，人才培养对于持续发展至关重要。创建一个有吸引力的开放平台，吸引国际智慧人才是非常重要的。

太阳将再次升起。

为了迎接黎明，LSTC 的使命是不断提升技术和培养人力，并制定战略。

VLSI 技术研究协会和 LSTC 都是在即将迈入专用半导体时代的门槛上诞生的。这或许是巧合，但非常有趣。

第四章
百花缭乱

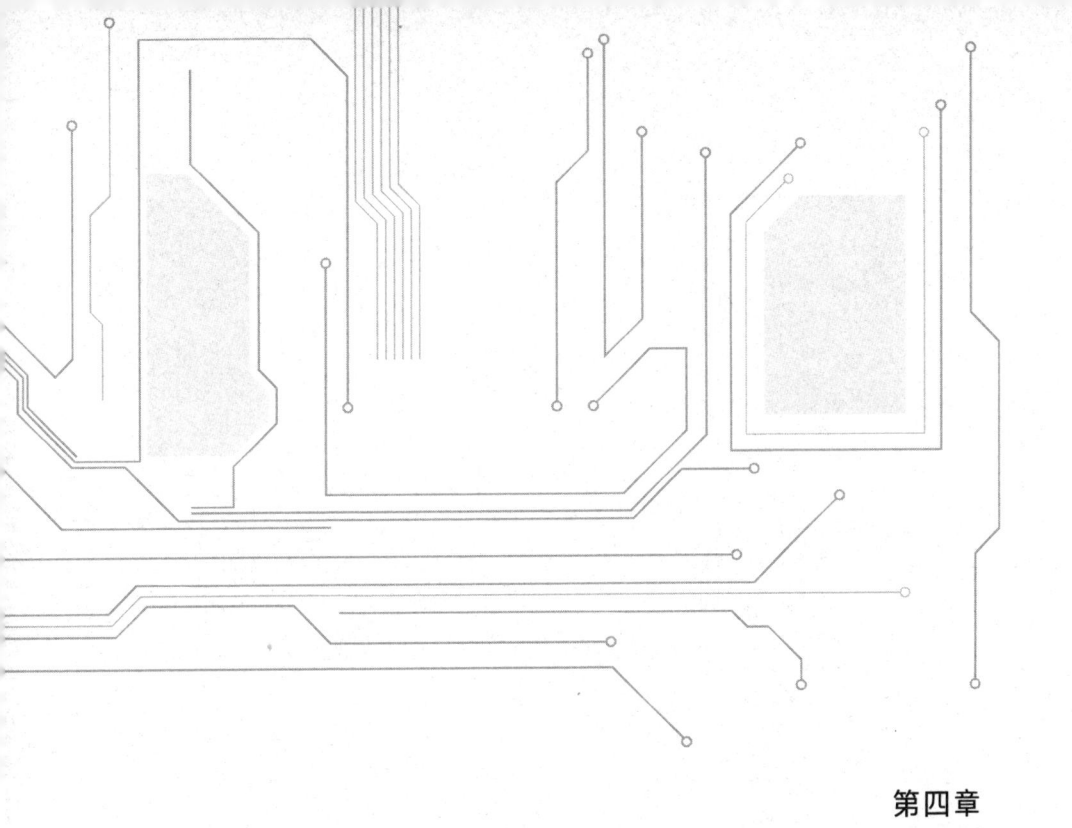

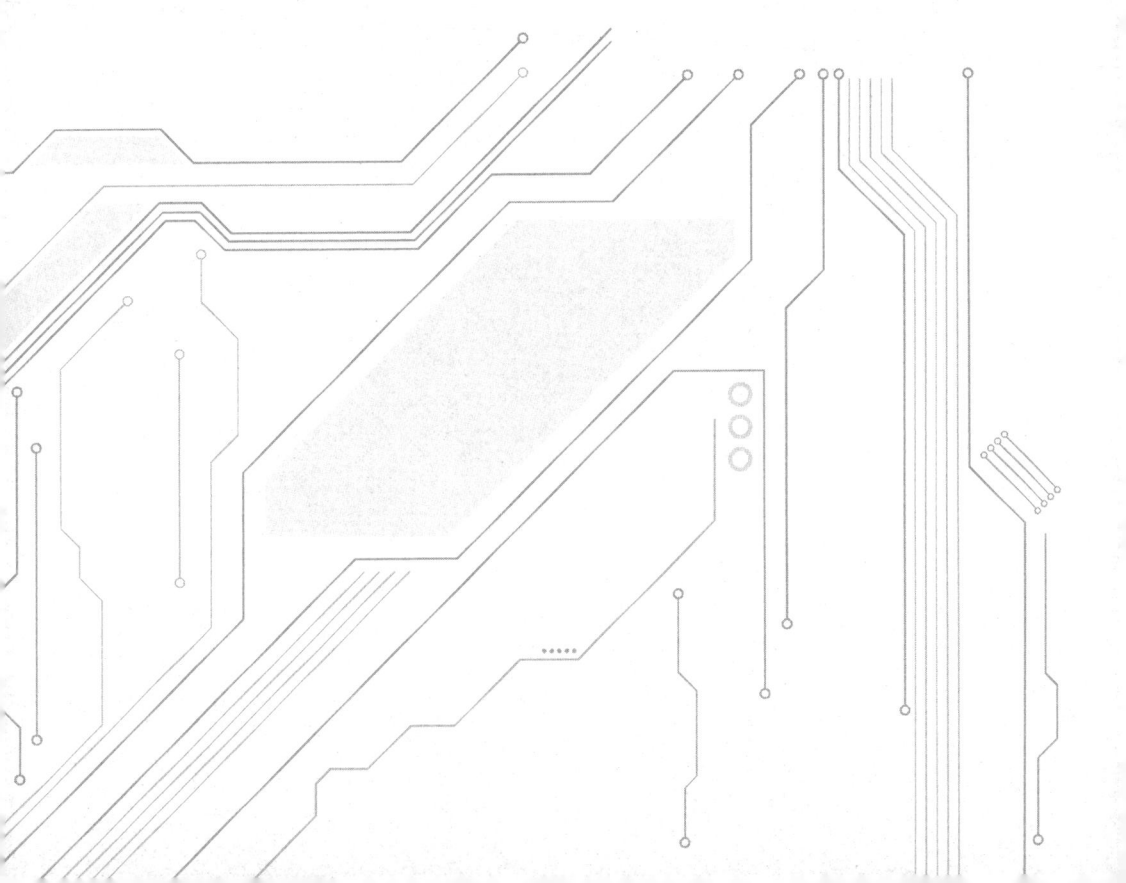

1 从 2D 到 3D——集成电路接下来的半个世纪

大规模系统的连接问题

集成电路（芯片）的发明背后，存在着大规模系统的连接问题。1946 年开发的世界上第一台通用电子计算机埃尼阿克（ENIAC）需要手动进行 500 万处连接。随着系统规模的增大，连接数量呈几何级增加。

这个问题被称为"数字的暴威"，研究人员从各个角度考虑了对策，最终产生的决定性解决方案就是集成电路。自那时以来，芯片按照"摩尔定律"呈指数级增长，与之相应的计算机性能也得到了飞跃式提升。

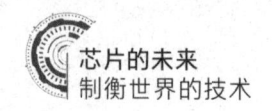

然而，为了在内存和处理器之间传输大量数据，芯片间的通信成为导致能量效率降低的重要因素。这就是所谓的冯·诺依曼瓶颈。再加上数据的快速增长，这些导致了"没有能源效率的改进就没有计算机性能的改进"的局面，这种情况一直持续至今。

CMOS 电路的能耗与负载容量成正比。设备的微细化，可以减少运算电路的负载容量。然而，在数据传输时，必须对整个通信路径的所有电容进行充放电，所以如果通信距离没有改变，即使设备微细化也无法降低能耗。

这是因为数据的传输要比运算消耗更多的能量。

例如，相比 64 位数据的运算，将这些数据传输到芯片的端部需要 50 倍的能量，而将其传输到芯片外部的 DRAM 则需要 200 倍的能量。

芯片间通信消耗大量能量的另一个原因是，我们强行提高了传输速度。其背后原因在于通信通道只能配置在芯片周围，无法增加通道的数量。

芯片的计算性能每年提高 70% 多，其中晶体管的通信速度提高了 15%，功能集成度增加了 49%。

随着芯片性能的提高，必须提高进出芯片的信号传输速度，否则无法充分利用提高的芯片性能。根据楞次定律（Lenz's law）推断，这是关于随着逻辑规模扩大而相应需要增加多少输入和输出端口的经验定律，我们需要以每年 44% 的速度提高芯片间信号的传输速度。

第四章　百花缭乱

然而，在器件微细化过程中，芯片间的通信速度每年只能以提高 28% 的速度发展。虽然晶体管的通信速度提高了 15%，但信号只能从芯片的周边进出，因此功能的集成度只能增加 11%。

即使我们在芯片的全表面布置信号通道，除非电路板具有足够的多层结构，否则芯片的周边就会出现布线混乱的情况，因此在芯片的全表面布置信号通道是非常困难的一件事情。

为了弥补这个缺口，我们一直在使用高速化通信通道的电路技术。但是，通常而言，我们试图强行将晶体管的性能推向极限的过程，需要大量的能量。

自 2000 年左右的 130 纳米制程开始，芯片间通信所需的能量逐渐增加。而且，要进一步高速化已相当困难，因为这已经接近极限。

正如以上讨论所指出的，提高计算机能源效率的策略是，缩短存储器和处理器的连接距离，并增加连接数量，以合理的速度进行信号传输。也就是说，应该通过堆叠芯片进行短距离连接，并利用整个面以适当的速度进行通信。这就是芯片从 2D 到 3D 进化的原因。

仅仅依赖于芯片内部的集成已经无法解决问题，在芯片从 2D 进化到 3D 的今天，我们更需要创新性地为"连接问题"提供解决方案。[33]

硅通孔 TSV 和磁耦合通信 TCI

从 20 世纪 90 年代开始，人们着手研发堆叠芯片和通过垂直布线

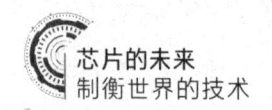

连接的硅通孔 TSV 技术。① 此前，我们只在芯片表面加工，加工深度只有几微米，而现在我们的加工深度要达到数十微米，这并不容易。

此外，连接处需要的微细焊接也变得非常困难。还有，因材料的热膨胀系数不同而造成的应力，也引发了可靠性问题。

即使已经过去了 1/4 个世纪，到目前为止，TSV 的成本仍然很高，可靠性仍然较低，我们仍然没有找到解决的方法。

近年来，无须焊接而是直接连接铜电极的晶圆键合技术，取得了显著进步，这被称为"铜铜键合"。而接合面上存在铜电极和硅氧化膜的情况，则被称为"混合键合"。

另外，也出现了不使用机械连接，而是使用电路技术连接芯片的技术，这就是 TCI（磁耦合通信）。

这种方式是在芯片的布线中绕制线圈，根据数字信号改变线圈中的电流方向来改变磁场方向，并在另一芯片中检测线圈中产生的信号极性，以将其还原为数字信号。[34] 也就是说，通过线圈间的磁耦合进行芯片间的通信。

在芯片中使用的所有材料的磁导率都为1，因此磁场可以完全穿透芯片，而且，无须担心利用电场效应的CMOS电路会对其产生干扰。

与 TSV 的接触式连接相比，TCI 的最大特点是利用标准 CMOS 电路进行非接触式连接。

TCI 是一种数字电路技术，可以在不改变芯片制造过程的情

---

① TSV 是 Through-Silicon Via 的缩写，即穿过硅基板的垂直电互连。——译者注

况下实现。因此，任何人都可以实现这一技术，并且成本低廉。如果使用 TSV，那么 DRAM 的价格会提高 1.5 倍以上；如果使用 TCI，那么其价格涨幅可以被限制在 1.1 倍以下。

而且，芯片越薄，TCI 的性能成本比越是可以获得指数级别的改善。例如，如果将芯片微缩到一半，同时将芯片厚度减半，可以将 TCI 的数据传输速度提高到原来的 8 倍，将能耗降低到原来的 1/8。

但是，TCI 不能连接电源。电源连接需要通过 TSV 来完成，信号连接则通过 TCI，这是比较实际的解决方案。可能有人会质疑，既然能通过 TSV 连接电源，为何不能通过 TSV 进行信号连接？实际上，TSV 的问题在于开路故障，因此在难以冗余的信号线中，TSV 不太适用，但是，用在本来就有超并联连接的电源线中则没有任何问题。

目前，除了 TSV，人们还在研究开发另一种新的连接技术来取代 TSV，这种新技术被称为高掺杂硅通孔（Highly Doped Silicon Via，简称 HDSV）。这是一种没有连线的功率传输技术。高掺杂硅通孔使用深度杂质阱而不是实际的 TSV 或电线来跨越芯片。

随着芯片从 2D 向 3D 发展，芯片的功率密度也在不断提高。由于芯片从 2D 向 3D 发展会提高能量效率，这导致电力效率需求进一步提升（见图 4-1）。

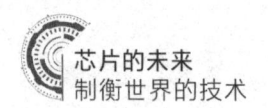

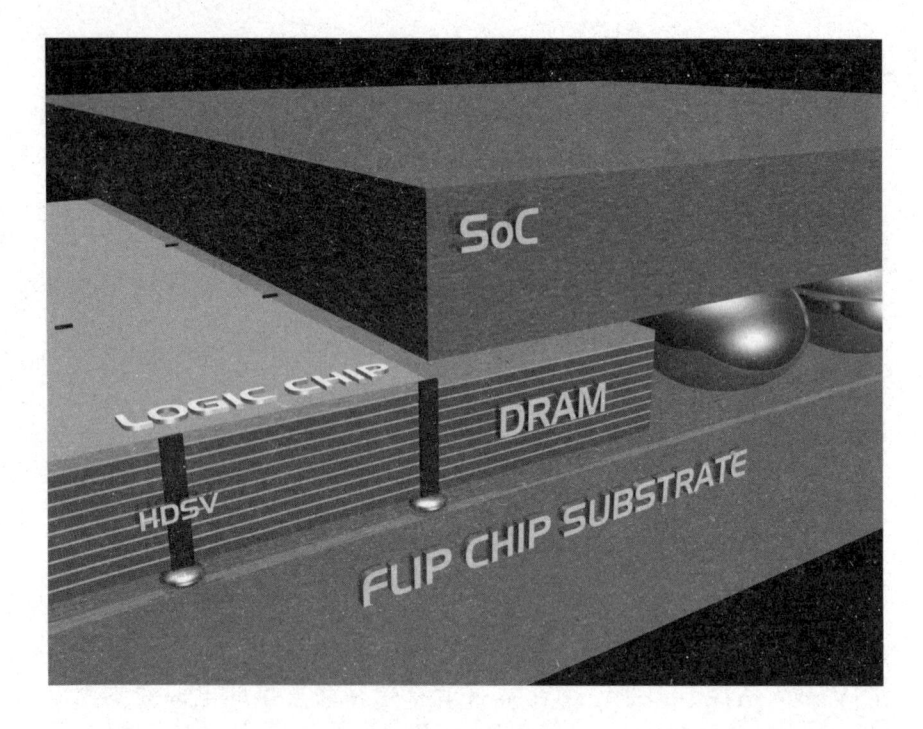

图 4-1 在封装中以 3D 方式安装内存和处理器，可以实现很高的能效

一个可以利用非连续性（破坏性创新）技术的时代

研究和实际应用之间存在着一个"死亡之谷"，这种不连续的技术（也称破坏性创新技术）往往很难跨越这个"死亡之谷"。

关于连接的技术需要被连接的双方了解与接受。

例如，当我们去处理器公司推介 TCI 时，他们听了我们的介绍之后会问，内存什么时候会装上 TCI。然后，我们再去内存公司，告诉他们处理器公司对 TCI 非常感兴趣,他们则静静地坐在座位上一动不动,表示如果所有大客户都说要用,他们才会考虑引入这种需要大幅改变的新技术。由于内存业务是通用产品业务,所以他们总是相对保守的。

这就会陷入鸡与蛋问题(先有鸡还是先有蛋)的迷宫困境,无法找到出路。

然而,面对不提高能源效率就无法提高计算机性能的情况,我们不得不从 2D 转向 3D,开启集成电路新时代的大门。对于不连续的技术来说,这是一个机遇降临的时刻。

然而,要让内存公司态度发生转变并非易事,因此最好先从堆叠 SRAM(静态随机存取存储器)开始,实现与 DRAM 相当的大容量,并与处理器实现连接。SRAM 是由处理器公司开发的,因此处理器公司可以单独作出决定。此外,还有一个原因,即 DRAM 的微细化发展似乎快要停止了。

2　半导体立方——从横向到纵向

煎饼型和切片面包型

3D集成是从内存领域开始的。

首先，推出了堆叠2块DRAM芯片的HBM（高带宽内存）。

然后，堆叠的数量增加到4块、8块、12块。

最后，内存与逻辑芯片的3D堆叠也开始了。超威半导体公司（AMD）发布了将2块SRAM芯片堆叠在逻辑芯片上的处理器。通过增大缓存容量，处理器的电力性能提高了30%。这种性能改进相当于微细化技术一代的跨越式进步。这确实是"超越摩尔"。

无论哪种情况，芯片都是平铺叠加的，没有人会去垂直排列它们。芯片的一边长1厘米，厚度大约是0.1毫米。人们不会想到将这么薄的芯片竖立起来，至少在叠加到大约 10 块之前是这样的。但是，如果堆叠到 100 块芯片，会怎样呢？厚度会变成 1 厘米。也就是说，它变成了"立方体"①。

考虑将 100 块内存芯片堆叠成内存立方体，并将其堆叠在逻辑芯片上。在立方体内，内存芯片的堆叠方向有两种可能性：一是横向平放；二是纵向立起。我们将前者称为煎饼型，将后者称为切片面包型。切片面包型是指预先切好的面包片（见图 4-2）。

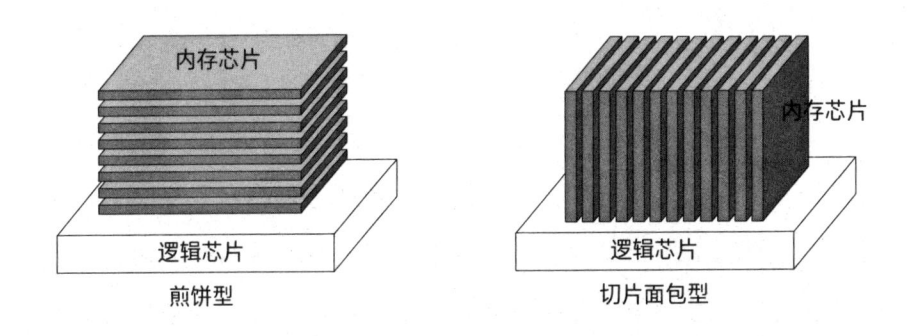

图 4-2　切片面包型的立方体芯片竖着放置，
在散热、供电和通信方面性能都更加优秀

事实上，切片面包型比煎饼型更有优势。

首先，散热更容易。

芯片基板的硅与线路绝缘膜的氧化硅薄膜相比，其导热性能高 150 倍。如果是切片面包型，硅基板可以将热量从下向上传导出去。

---

① 本书中的"立方体"指多块芯片堆叠后的形态，并不专指正方体形态，也有可能呈现长方体。——编者注

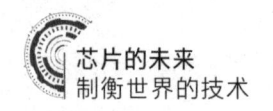

如果是煎饼型，就像堆叠了很多毛毯一样，氧化硅薄膜会阻碍散热。

3D 集成的最大问题是散热。

当堆叠很多芯片时，发热量会与堆叠层数成正比。如何将热量传递到封装上部的散热板，这是一个课题。在这一点上，切片面包型比煎饼型更有优势。

例如，在煎饼型中，最高温度可达 200 ℃，而如果使用切片面包型，则可以将最高温度控制在 100 ℃以下。

其次，通信更容易。

在煎饼型中，由于内存芯片是堆叠的，所以位于下方的内存芯片与逻辑芯片的连接线路更多。

我们希望能够堆叠同样的内存芯片。因此，我们将连接的线路通用化，也就是线路共享，就像用一根线将芯片串在一起，也就是说，用一根线连接所有的芯片。结果，当逻辑芯片与一块内存芯片进行通信时，必须向所有的内存芯片发送信息，导致了延迟和电力浪费。

与之相反，如果采用切片面包型，所有的内存芯片都与逻辑芯片相连接，即使堆叠同样的内存芯片，也可以实现单独的布线，这样就避免了信号延迟和电力浪费。

但是，为了让内存芯片在边缘与逻辑芯片通信，需要特殊的通信技术，而磁耦合通信能够实现这一点。这是一种通过线路周围形成的磁场耦合进行通信的技术。它的特点是即使两块芯片的位置稍有偏移，也可以通信。

那么，我们如何供电呢？

如果考虑从逻辑芯片向立方体供电,那么切片面包型似乎要比煎饼型更复杂。

但是,与我们在前面讨论的通信问题一样,如果在煎饼型中,从下面的芯片向上面的芯片供电,下面的芯片由于离电源更近,所以会流动更大的电流,需要更粗的电源线。因此,如果堆叠的内存芯片是一样的,上面部分的内存芯片相对来说就会配置过多冗余的电源线,从而造成浪费。

此外,随着立方体配置内存芯片数量的增加,消耗电力与逻辑芯片相比也不少,所以通过逻辑芯片供电是浪费的。如果可以直接从封装向每块内存芯片的侧壁供电,就能缩小逻辑芯片的面积。

这样一想,我们就需要一种新的技术,可以直接从封装对每块内存芯片供电。目前,我们正在研究各种方法。

那么,堆叠 100 块以上的芯片会很困难吗?如果按照以下方法,相对来说会比较顺利。

首先,将其中两块芯片的表面粘在一起,削掉其中一块的背面,将其作为一个模块。然后,与同样削掉了背面的一个模块粘在一起,成为一个新的模块。接着,再削掉新模块的最外侧一块芯片的背面。这样,就制作出了一个由 4 块芯片堆叠成 4 层的模块。每重复一次,堆叠数量就翻一倍。重复这样的工作 7 次,就可以做出堆叠 128 层的芯片。如果用同样的方法重复 10 次,就可以堆叠出超过 1000 层的芯片。

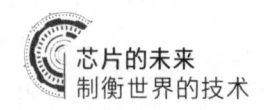

从内存立方体到系统立方体

存储器有 SRAM、DRAM、NAND 等类型。在运行速度上，SRAM 最快，而 NAND 最慢。然而，在存储容量上，NAND 最大，而 SRAM 最小。目前并不存在一种完美的存储器，每种类型都存在着优势与劣势。

因此，我们需要按需求来分层次地使用存储器。也就是说，即将要访问的信息，会被存储在 SRAM 或 DRAM 中，而对于可能要过一段时间才会用到的信息，我们会将其保存在 NAND 或 DRAM 中。

如果 SRAM 的容量可以达到 DRAM 的水平，那么计算性能将大幅提升，这将引发一场革命。AMD 展示的正是这种可能性。他们在处理器上堆叠了两层 SRAM，从而实现了与一代微细化相当的跨代性能提升效果。

那么，如果堆叠 128 层 SRAM 会怎么样呢？

如果我们将 SRAM 芯片的尺寸设定为 8.4 毫米 × 3.0 毫米，并且厚度为 0.1 毫米，那么其形状将是 8.4 毫米 × 3.0 毫米 × 12.8 毫米。

如果使用 N2（2 纳米制程）以后的最先进工艺，存储容量将达到 24 GB，相当于堆叠了 12 块 DRAM 的 HBM3（High Bandwidth Memory 3，即高宽带内存）。其功耗也与 HBM3 相同。

但是，相比之下，数据传输的带宽将达到每秒 14.4 TB，带宽比 HBM3 大 17 倍。

延迟也在 10 个时钟周期内，是 HBM3 的 1/5。

如果能制造出这样的SRAM立方体，它就可以替代HBM3，从而极大地提高计算性能。

如果将SRAM芯片的厚度减少到0.025毫米，那么存储容量还可以扩大4倍。

我们可以制造出类似于SRAM立方体的DRAM立方体和NAND立方体。只需用黏合剂将芯片黏合在一起，我们就可以制作出任何类型的芯片立方体。

我们甚至可以自由组合SRAM、DRAM和NAND来制造出内存立方体，只需要根据应用选择最佳的配比。

只要将逻辑芯片混合组装进立方体中，我们就可以制造出系统立方体。

例如，首先，我们可以将用于加速AI处理的逻辑芯片与SRAM芯片背靠背地黏合在一起；然后，按需要黏合DRAM和NAND来制造出立方体；最后，将外围电路、控制电路和芯片内部的网络电路集成在一起，并以相对便宜的低制程逻辑芯片放在立方体的底部。这样，一个系统立方体就制造出来了。

我突然看向书架，发现书是横向和纵向交错堆叠的。未来封装的内部也该不会像书架里的书一样纵横交错地排列芯片吧？

虽然现在面包被切成几片出售是再平常不过的事情，但在大约90年前，切片面包在第一次出售时是革命性的，非常受欢迎。

从这个事件中还诞生了一个英文词语"the best thing since sliced bread"，意思是"革命性的东西，非常棒的东西"。

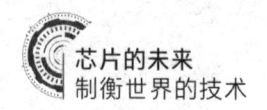

你可以说："This new smartphone is the best thing since sliced bread!"（这款新的智能手机真是革命性的！）

如果我们将3D集成的芯片从横向改为纵向，就完美地契合了这个英文词语，到时候我们可以大声喊出这句话："This new 3D chip is the best thing since sliced bread!"（这个新的3D芯片简直就是个天才发明！）

3　将大脑与互联网连接起来

在剑桥看到的神秘景象

2019年，剑桥的春天来得很晚。尽管已经到了5月份，人们还穿着厚厚的外套。

当夜幕降临，哈佛大学的校园变得格外美丽。稀稀落落的学生走在新绿的草坪上，学生宿舍的橙色灯光若隐若现。在缓缓入夜的校园，历史的帷幕悄然落下。

在这些灯光下，人类积累的知识得以传承，新的知识被孕育。在这些灯光的引领下，一股渴望在这里学习的冲动涌上心头。尽管我老眼昏花，看书不易，但如果能在这里一直留级，坚持不毕业，在这里学习一辈子，我相信，我的人生必定会变得更加丰富多彩。

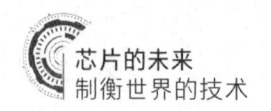

当然，如果允许这样的事情发生，校园将会遍地是老人。哎——如果我年轻一些就能来这个地方……我沉浸在这样的感伤之中。

第二天，我要开一个关于 AI 芯片研究的会议。上午我要去麻省理工学院，下午我要去哈佛大学。如果坐地铁红线，从查尔斯酒店附近的哈佛广场站到麻省理工学院的媒体实验室所在的肯德尔站只需要 15 分钟。但那天，我突然想走走看看。

一路上并没有看见查尔斯河。走着走着，我的脑海中浮现出电影《社交网络》（*The Social Network*）中的赛船场景。

但是，我的预感错了，我在街角没有发现什么有趣的事情。走了将近一个小时，我感到有点累了，就在主街和巴萨街的岔路口停了下来。

突然，一幅神秘的画面映入我的眼帘。

它出现在一座现代化建筑的大厅里的大屏幕上，建筑的窗户玻璃反射着蓝光。这座建筑上写着"麻省理工学院麦戈文脑科学研究所"。

我走进大楼，一边仰望着模仿扭曲大树造型的纪念碑，一边让自己的身体陷入柔软的沙发。大厅的深处有一个安全检查通道，年轻的研究者们拿着手机或咖啡，忙碌地进进出出。

这些来自世界各地的优秀人才，眼中充满智慧和自信。这是进行世界最前沿研究的人所共有的气质。

100 英寸的显示器上播放着介绍研究成果的幻灯片。

哦，就是这个！

吸引我来到这里的神秘画面出现了。

它既像天文照片，又像抽象画。在黑暗中，无数缠绕的彩色丝线闪耀着光芒，仿佛织造了一个小宇宙。一个像精子一样的队列，正对着这个宇宙，准备冲入其中。

看到"大脑的新形象"这样的标题后，我知道这张图是关于大脑神经网络的图解。这是一张可以从任意一个视角观察的大脑的3D设计图。

"博伊德（Boyd）研究室开发了一种显示脑细胞内部蛋白质和RNA（核糖核酸）的技术。"

然后，幻灯片切换。这次出现了一位手持发光样本的科学家，标题是"膨胀显微镜法"。

膨胀显微镜法

膨胀显微镜法能让细胞和组织变大吗？像《爱丽丝梦游仙境》中描述的那样？

我在手机上搜索"膨胀显微镜法"，找到了发表在科学杂志《自然文摘》（*Nature Digest*）2015年第12卷第4期上的一篇文章，标题是《膨胀大脑，观察纳米级细节》。我读了概要："利用纸尿布吸收材料使大脑组织膨胀，我们就能够通过使用普通光学显微镜，分辨微小至60纳米的特征。"

首先，给大脑组织的特定蛋白质贴上荧光分子标签。然后，让

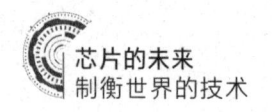

丙烯酸酯单体渗透到大脑组织中，并与荧光分子标签结合。在启动这个单体的聚合反应后，大脑组织中会形成丙烯酸酯聚合物（聚合体）的网状结构。

在分解大脑组织的蛋白质后，向剩下的丙烯酸酯聚合物中加水。然后，它就像纸尿布一样吸水膨胀，与网状结构结合的荧光标签在各个方向上均匀地扩张。结果，之前因为过于接近而无法在光学显微镜下被识别的荧光标签，现在可以清楚地看到了。

也就是说，他们把大脑组织的蛋白质的位置复制到了纸尿布上，加水膨胀后用光学显微镜观察。然后，他们把这个图像通过计算机图形制作成了色彩鲜艳的3D图，这就是我面前的彩虹画面。这是一种精美的可视化技术。

在幻灯片中，爱德华·博伊登（Edward Boyden）教授问道："如果你想更清楚地观察大脑，你会怎么做呢？是把科学家变小，还是把大脑组织放大呢？"

当然，博伊登教授选择了后者。

如果是我，我会选择缩小科学家！

从这里开始，我的想象开始驰骋。制作一块100微米见方的芯片，集成了100万个图像传感器，每个传感器的大小为100纳米见方。

如果我们能将这块芯片运送到大脑组织中，我们能否分辨出60纳米的特征？如果我们通过无线通信收集大量芯片捕获的图像数据进行分析，我们能否重建整体图像？混乱的想象无休无止，我忘记了时间，忘记了疲劳。

当时我正在参加日本国立研究开发法人科学技术振兴机构（JST）的ACCEL项目。研究主题最初是改进计算机的能源效率，但随着AI热潮的兴起，我也开始考虑制作移动人工智能"eBrains"。

如果将极小的芯片植入大脑，我们就可以将大脑连接到互联网。所以，在物联网之后，我们可以实现脑联网（Internet of Brains，简称IoB），接下来是细胞的互联网（Internet of Cells，简称IoC）。

不过，在此之前，我们应该首先将人体上的传感器和执行器与大脑连接，形成人体自身的个域网。融入大脑和身体的计算机可以扩展人的感觉和免疫能力，造福老年人的社会生活。

我开始想象这样的科幻故事。

当大脑连接上互联网时，会发生什么

大脑和计算机的联系非常紧密。

大脑创造了社会，孕育了心灵。人类有了自己的思想，为了传播这个思想，又获得了语言和逻辑能力。

人类还创造了数学，将其作为扩展具有认知能力的工具。最终，这种寄生在大脑中的数学思维，经过人脑高度抽象化后，以离身认知的形式，从大脑中"溢出"，这就是计算机的诞生。

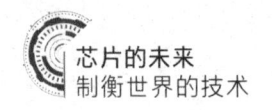

正如津田一郎博士[①]将意识的普遍性表达为"心灵就是数学",森田真生[②]在《数学化的身体》中描绘道,计算机和人工智能就是在抽象化的前提下产生的。

如果创建了拥有类似于人左右脑能力的"eBrains",那么是否会像人的大脑一样,在右脑识别图片和声音之后,左脑的联合区被抽象化为文字?

当大脑连接到互联网时,正如牛津大学教授马特·里德利(Matt Ridley)在《理性乐观派》(The Rational Optimist)中所述,连接的人口越多,创新发生的概率就越高,这种创新的观念会遍布全球吗?[35]

就像"人工智能之父"和框架理论的创立者马文·明斯基(Marvin Minsky)博士在《心智社会》(The Society of Mind)中所说的那样,智能体的集合是否会创造出一个"心智社会"?意识是否会超越语言?艺术是否会诞生?计算机是否会像人一样进化?(或者约罗·孟吉博士会嘲笑我们,称我们为"白痴"?)

---

① 津田一郎博士在2022年获得了第11届藤原洋数理科学奖,获奖理由是他在以混沌力学为基础的复杂系统脑科学方面作出了开创性贡献。——译者注
② 森田真生,1985年出生于东京,独立研究员。以京都为基地,除了研究和写作外,他还在国外进行数学音乐会和数学外籍讲座等现场活动。2015年,他凭借其第一本书《数学化的身体》成为最年轻的小林秀雄奖获得者。他的其他著作有《数学的礼物》、图画书《变成蚂蚁的数学家》,以及与冈洁合著的《数学的一生》。——译者注

4 同步与异步——芯片的节律

芯片的同步设计

半个世纪前，人们讨论了用时钟来对电路进行定时的同步设计与不使用时钟的异步设计的利弊。

加利福尼亚理工学院进行了一个实验：给成绩一般的学生分配了同步设计芯片的任务，而给成绩优秀的学生分配了异步设计相同芯片的任务。结果显示，采用同步设计的方案，大部分芯片能正确运行，但是采用异步设计的方案，芯片无法正常运行。异步设计究竟发生了什么？

逻辑电路有两种，分别为组合逻辑电路和时序逻辑电路。对于

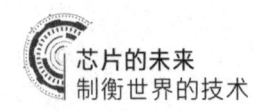

组合逻辑电路，其输出在输入确定的情况下不变；而对于时序逻辑电路，即使输入相同，输出也会因为状态不同而改变。计算的时候需要每次都得出相同的答案，所以使用组合逻辑电路；而工业控制的场合则需要根据状态的变化来作出调整，所以使用时序逻辑电路。

状态是会变化的。例如，由两个比特表示的状态｛S1，S2｝，在从｛0，1｝变迁到｛1，0｝的过程中，可能会瞬间经过意料之外的｛0，0｝或｛1，1｝状态。这是因为 S1 和 S2 是不同电路的输出，或者即使它们是完全相同电路的输出，电路元件也存在制造差异，因此使两者的时序同步是相当困难的。

这种瞬间的迟滞（Dynamic Hazard）在计算中不会成为问题，因为最终能得出正确的答案，但在控制中会导致错误的操作，因为在迟滞的瞬间送达的数据会导致控制错误。

因此，就像交通信号灯变绿时，车辆会同时启动一样，让早到的数据和晚到的数据一起等待，在时钟变化的瞬间，数据同时输出，那么就可以在每个时钟周期内同步所有的时序数据。

数据可以通过两个反相器形成一个环路来保持。例如，将 L 输入第一个反相器，那么其输出将变为 H，第二个反相器将 H 变为 L，然后将第一个反相器的输入重置为 L。

将一个由时钟控制的开关放入这个环中，当时钟为 L 时，环会关闭并保持数据；当时钟为 H 时，环会打开并让数据通过。这种电路被称为锁存器（Latch），就像锁具一样，它可以钩住数据。

将两个锁存器连接起来并给前一个锁存器输入反相时钟的电路，称为触发器。当时钟为 L 时，前面的锁存器会传递数据，后面的锁存器保持之前的数据。但是，当时钟变为 H 时，前面的锁存器会保持当前的数据，后面的锁存器会传递这个数据。因此，在这一刻，数据会从触发器中被同时输出（见图 4-3）。

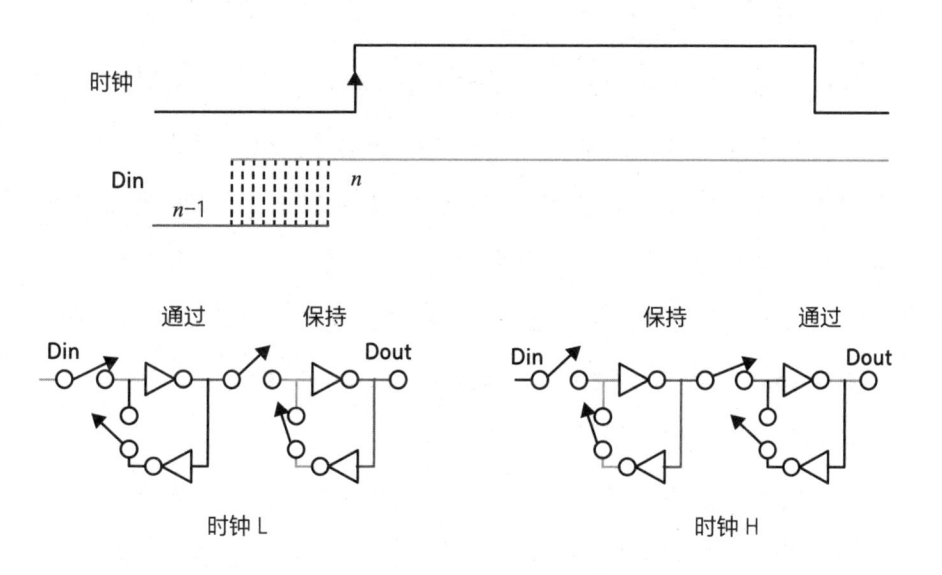

图 4-3　触发器电路

顺便说一下，当时钟从 H 变为 L 时，前面的锁存器想传递下一个数据，但后面的锁存器为了稍早一点地保持当前的数据，触发器的输出会保持当前的数据，下一个数据会被延迟。

使用触发器可以在每个时钟周期验证一次定时，这样可以降低验证成本。一般的芯片都采用了触发器。

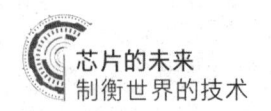

另外，使用锁存器时，当时钟为 H 时，数据可以通过，因此即使在某个周期中出现了延迟，也可以在后面的周期中弥补。但是，时序验证需要回溯到过去的周期进行检查，因此验证成本会增加。处理器采用的是锁存器。

重新考虑异步设计

要提高芯片的性能，需要精细的定时设计。需要计算元件制造差异、电源电压和温度变化对逻辑电路的信号传播延迟的影响，以及计算生成时钟时的波动和分配时的时差，并通过设计来保证在满足目标制造良率下的所需时间余量。

随着设备的微型化和电源电压的降低，这种设计余量正在增加。而且，随着时钟速度的提高，被称为时序收敛（timing-closure）的定时设计成本也在增加。

在同步设计中，最慢的电路决定了时钟的周期，因此其他的大部分电路对性能没有影响。但是，仅仅是时钟的分配和触发器就消耗了 1/4 ~ 1/2 的电力。

在这种同步设计的成本和浪费突显的情况下，当时钟频率超过 1 GHz 时，就开始有研究在重新考虑异步设计了。伊万·萨瑟兰（Ivan Sutherland）在2002年发表了一篇论文，题为《没有时钟的计算机——异步芯片可以尽可能地提高每个电路的速度，提高计算机的性能》。太阳微系统公司（Sun Microsystems，创建于1982

年，主要产品是工作站及服务器，已被甲骨文收购）的64位处理器UltraSPARC IIIi，在某些部分采用了异步电路设计。

伊万·萨瑟兰被称为"计算机图形学之父"，他对芯片设计也非常精通。1999年，他提出了逻辑电路的延迟模型"逻辑努力"（Logical Effort）。这是一个出色的模型，我在课堂上也给学生讲授过这个内容。

他在2003年发表了关于使用电场耦合进行芯片间连接的论文，这也正是我们开始研究使用磁场耦合进行芯片间连接的时候。2007年，当我成为加州大学伯克利分校的麦凯（MacKay）荣誉教授时，我很荣幸能在教师会议上和他坐在一起。

闲话少说，回归正题。异步电路使用双线逻辑。当两个输出相等时，表示正在计算；当一个输出改变时，表示计算完成，将计算信号和计算结果传递给下一个电路。

当然，异步设计比同步电路使用更多的晶体管和布线，但是比起同步设计的浪费，应该还是赚到了。

我原来认为在7纳米制程时代的时候就可能会实现异步设计。然而，FinFET技术提高了晶体管的门控效率，性能超过预期，所以在7纳米制程时代还没有看到异步设计的出现。由于晶体管的结构改革可能会继续，所以异步设计可能还需要一段时间才会得到应用。

不过，在基于布线逻辑的并行数据处理上（例如，由于人工智能而备受关注的神经网络），采用异步设计可能更合适。

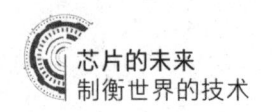

（话说回来，我们犹豫了，不只是片刻，而是很多次，并且作出了错误的判断。）

自然界的节律

1665年的某一天，荷兰的数学家、物理学家和天文学家克里斯蒂安·惠更斯（Christiaan Huygens，也是光的波动理论"惠更斯原理"的发现者）偶然注意到，挂在房间墙上的两只时钟的摆锤是同步的。当一个摆锤向右摆动时，另一个总是向左摆。即使他故意打乱这两个摆锤的节律，过一会儿它们还是会再次同步。然而，当他把这两只时钟挂在不同的墙上时，它们就不再同步了。惠更斯推测，这可能是因为两只时钟之间存在着微弱的相互作用。

这个世界充满了节律。当节律与节律相遇时，它们会相互同步。比如，当人们走在吊桥上时，他们的步伐会不自觉地同步，导致桥摇动起来。2000年，伦敦泰晤士河上的千禧桥（Millennium Footbridge）就发生过一次严重的摇晃。流行和交通堵塞也是由同步现象引起的。

昆虫和细胞也存在着同步现象。在东南亚，无数的萤火虫会聚集在红树林中，一起同时闪烁。在哺乳动物中，大脑下丘脑的视交叉上核中有大约2万个时钟细胞协同工作，构建了体内时钟，并产生了睡眠周期等节律。在心脏中，大约1万个起搏细胞持续同步激发，使得心脏在一生中不知疲倦地跳动了30亿次。

没有心脏的无生命物体也会发生同步现象。在超导状态下，无数的电子会同步移动，电阻几乎为零。激光能够成为强光束，也是因为无数的原子发射出了相位和频率一致的光子。

此外，我们总能在夜空中看到月亮上的玉兔，那是因为月球的自转和公转同步，总是将同一面对着地球。同样，太阳系内的行星的引力同步一致，有时会从小行星带向地球喷出陨石群，可能就是这个原因导致了恐龙的灭绝。

同步现象也存在于人类创造的网络和虚拟空间中。连接到高压输电线网的发电机会自然同步，因为能量会从高速转动的发电机流向低速转动的发电机，以调整速度。结果，异常现象也可能会引发连锁反应而同步起来，导致事故。比如，互联网中的路由器也会像萤火虫一样同步，以前曾经出现过流量急剧变化的现象。

关于控制同步的第一次工程尝试是在1978年，是由美国物理学家、发明家罗伯特·阿德勒（Robert Adler）提出的，他对振荡电路的频率吸收现象进行了分析。

最初尝试实现三个或更多电路的耦合同步的可能是我们的研究团队。2006年，我们成功地将集成在一块芯片上的4个振荡器的输出通过传输线路连接，并实现耦合同步。然后到了2010年，我们堆叠了4块芯片，并通过磁场连接各芯片，发现了集体同步现象，并利用这一现象开发了将时钟精确分配到各块芯片的技术。

这种集体同步现象正在一点点地被非线性科学解析。

【专栏】集团同步的模型

　　人类可以感知的宏观世界，可以从热力学的角度统一地用物理法则来表达，它们是"能量守恒定律"（热力学第一定律）和"熵增定律"（热力学第二定律）。

　　能量守恒定律表明，尽管能量的形态在变化，但总的来说，能量的总量是守恒的。而熵增定律补充了一个事实：能量的质量（就人类能否有效利用能源的角度而言的质量）会不可逆地退化。

　　1865年，德国物理学家鲁道夫·克劳修斯（Rudolph Clausius）引入了"熵"这个概念，后来由统计力学的开创者、奥地利物理学家和哲学家路德维希·玻尔兹曼（Ludwig Boltzman）从微观（原子或分子）角度解释了这个概念。熵增定律揭示了微观状态的混乱程度不可逆地增加的事实。

　　这样的话，世界似乎从有序向无序、从有结构向无结构、从有生命向死亡前进，最终，借用玻尔兹曼的话来说，"宇宙将走向热死亡"（热寂说）。能量的耗散是否意味着崩溃？不。自从1967年左右比利时化学家伊利亚·普里高津（Ilya Prigogine）提出了"耗散结构"的概念以来，已经有很多研究去解释，从无休止的能量耗散（崩溃）中产生结构（创造）的秩序机制。

也就是说，促使熵生成并推动结构或运动消失的力量，同时也成为产生结构或运动的驱动力。

例如，当你点燃蜡烛时，热量会向周围空间辐射，并根据温度的高低在周围空间产生结构。这个结构随着热量的扩散，也就是熵的增大而走向崩溃，但散发的热量并不会自动汇集而形成结构。然而，通过持续不断地燃烧，将产生的熵排放到空气中，火焰这种结构就被创造出来了。

熄灭火焰，结束熵的生成后，就会达到热平衡。然而，蜡烛仍保持其形状，所谓的热死亡的世界并不会立即到来。

为了避免热量的传递，蜡烛和周围的物体仅被分配了有限的能量。在该约束条件下，在最大程度上生成熵之后，每一种物质内部的原子或分子都将安静下来，保持形状或特性等个性，形成一个准稳定状态。如果再次点燃蜡烛，随着熵的生成，火焰就会再次产生。

那么，随着火焰放出的熵会累积在地球上吗？地球主要从太阳光中获得能量，并通过红外线将熵和能量排放到宇宙空间。此外，高空和地面及深层地下的温差，促进了更加高效的能量循环和熵的排放。

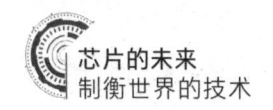

在大学中学习物理或工程学时，我们主要学习处理的是线性系统。线性系统的特点在于，可以通过组成要素的性质进行简单合成——线性组合，来理解系统的整体性质。也就是说，部分的总和就是整体本身。

正因为如此，即使是超大规模且复杂的问题，我们也可以将其分解，独立解决每个小问题，然后再将得到的答案组合起来，就可以了解整体状况。例如，对于分子完全独立运动的气体，可以使用线性统计力学来处理。

然而，在固体和液体中，情况就不同了，由于各个分子之间存在强烈的相互作用，所以我们不能直接用这种线性分解办法去解决这个问题。但是，如果我们不这样做，问题就会变得过于复杂，难以处理，因此我们选择了线性近似。在小范围内的变化，我们可以将它们视为"气体"，然后从气体的性质推断出固体或液体的性质。

在许多情况下，物质是微观元素的非线性集合体，不能忽略元素与元素之间的相互作用。结果是，当输入范围较小的时候，系统是线性的，但当输入范围变大时，系统会变成非线性。

例如，考虑细菌群体，当细菌总数增加并且营养物质开始枯竭时，其增长就会停止。或者，我们不能指望放大器电路在输出超过电源电压之前，一直保持输出与输入成正比，这种情况并不太现实。

正如我们在无线工程学中所学的，向非线性系统输入正弦波时，输出中会出现谐波和相互调制的新波。或者，水冻结或金属表现出超导性质时，会出现相变现象，即突然间产生空间秩序或物质特性的巨大变化。这种能产生新事物的"涌现"现象源自元素之间的紧密相互作用。

在揭示这些复杂的非线性现象时，强大的计算机模拟技术的使用，以及剥离非本质因素建立精炼数学模型所需的洞察力，就显得不可或缺。

非线性元素的集群如何同步？在没有指挥者或环境信号的情况下，群体如何能够同步？

最初，同步现象的研究是由生物学家、社会学家、物理学家、数学家、天文学家和工程师等在各自的研究领域独立进行的。最后，这些研究成果被汇集在一起，同步现象科学与耦合振子研究方向趋于一致，并发展为多个耦合振子之间相互影响的非线性科学。让我们再回顾一下伟大的数学家和物理学家是如何着手探索同步现象（entrainment，节律同步化）机制的。

最初尝试解释集体同步现象的是美国麻省理工学院的数学家和控制论的创始人诺伯特·维纳（Norbert Wiener）。他直观地认为 α 波是大脑的主时钟，并提出了一个假设：通过连接具有不同节律的神经元，频率的节律同步化现象就能产生。然而，直到他 1964 年去世，他也没能证明这个假设。他去世后的第二年，一位来自美国康奈尔大学的学生找到了解决这个问题的数学方法，这位学生就是理论生物学家阿瑟·温弗里（Arthur Winfree）。

在介绍温弗里的工作之前，我们先了解一下 1975 年由美国纽

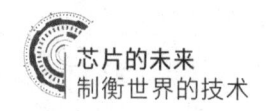

约大学的应用数学家查尔斯·佩斯金（Charles Peskin）提出的心脏起搏器模型。佩斯金把起搏细胞的细胞膜电位振荡比作一个振荡电路，细胞膜（电容器）借助离子漏出通道（电阻）充电，一旦电位超过某个阈值时，它就会突然放电，这是一个非线性模型。

佩斯金提出了一个模型，其中振荡器之间以相同的强度连接，并且只在放电瞬间相互影响。也就是说，当一个振荡器放电时，其他振荡器的电位立即上升一定的量。如果这导致了某个细胞超过阈值，这个细胞就会立即放电。然而，当时的数学还不能处理这种大规模振荡系统之间的互动。因此，他将这种系统互动限定在两个相同振荡器之间的微弱连接上，并证明了两个振荡器一定会同步。

温弗里进一步抽象了佩斯金的模型，只保留了其本质，创建了一个耦合振荡器的数学模型。该模型大致如下：两个振荡器以相同的速度在同一个方向上绕圆周运动。两个振荡器之间有引力或斥力的作用。这种相互作用是由两个振荡器的位置，也就是相位决定的非线性力。通过相互作用，两个振荡器会改变速度，并最终同步。同步位置可能是同相位或逆相位。也就是说，如果相互作用是引力，两个振荡器会有相同的相位；如果相互作用是斥力，它们的相位会差 180 度。

如果两个振荡器的初始速度不同，那么它们会在相位差接近 0 度或 180 度的地方稳定。这种差距由相互作用的大小决定。相互作用越强，差距越小；如果相互作用小于某个值，同步现象就不会出现。

然后，他增加了振荡器的数量，并在公式中描述了每个振荡器相对于群体的运动速度。他认为，一个特定时间点的振荡器速度由三个元素决定：第一，与振荡器固有频率成比例的速度；第二，对外界影响因素总体的敏感性，这取决于我们所关注的振荡器的位置；第三，所受到的其他所有振荡器产生的影响的总和，这取决于其他所有振荡器的位置。

这个方程变成一个非线性的一组联立方程式，虽然无法用解析法求解，但可以通过模拟来复现群体的行为。首先给出所有振荡器的位置，然后使用方程计算振荡器的瞬时速度，再求出下一时刻振荡器的位置。重复这个计算，我们就可以预测振荡器的移动轨迹。

在改变敏感度函数和影响函数的组合并反复模拟的过程中，温弗里发现了一些事情。有些时候，振荡器会自发地同步，而有些时候，同步会被破坏。此外，他还发现，在自发同步的情况下，整个过程不存在任何一个核心的、不可或缺的振荡器。

他的最重要发现是，随着群体的均质性提高，群体会在超过某个临界点后突然开始同步。这就像把水冷却使其发生相变，变成冰一样。相变是由于试图创建秩序和破坏秩序的作用之间的优劣关系发生反转，而突然出现的。如果我们把频率分布的幅度看作温度变化范围，那么把振荡器通过相互作用达成同步可类比为水的凝固，二者表现出异曲同工的宏观时间秩序。

于是，温弗里在非线性动力学和统计力学这两个学科之间建立了重要的桥梁，并于 1980 年出版了《生物时间的几何学》（*The Geometry of Biological Time*）。

温弗里的伟大成就在于他打开了新学科的大门，吸引了许多才

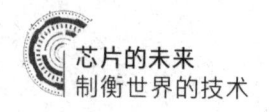

华横溢的科学家。

京都大学物理学教授藏本由纪改进了温弗里模型，提出了藏本模型。他没有采用模拟的方式，而是通过分析来寻找严格的解。康奈尔大学应用数学教授史蒂文·斯特罗加茨（Steven Strogatz），在推进脉冲耦合生物振荡子的解释的同时，和他的学生邓肯·瓦茨（Duncan Watts）于《自然》（Nature）联合发表的论文中提出了著名的"小世界网络"理论，将非线性科学扩展到了社会网络领域。

第五章

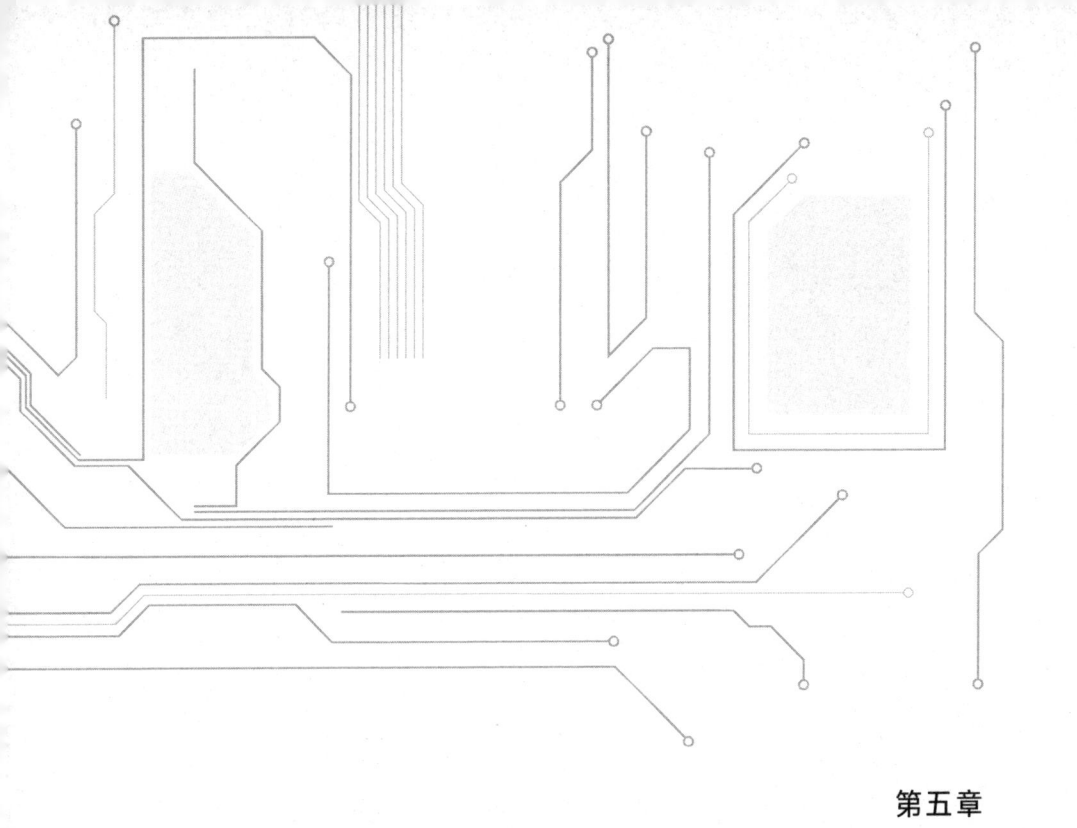

民主主义

1 时间就是金钱

成本绩效与时间绩效

我们经常听到"性价比高"这样的表述。在半导体业务中，成本绩效是最受重视的指标。

然而，我最近意识到"时间绩效"也很重要。这其中有两个原因。

一个原因是，社会正在从资本密集型向知识密集型转变。

在第二次世界大战后的重建期，日本的目标是成为工业强国，并通过半导体技术进一步成为电子强国。工业社会和信息社会都是资本密集型社会。过去，大规模生产和大规模消费被推崇，然而，随着经济发展对环境造成的负担越来越重，反过来对经济增长的制

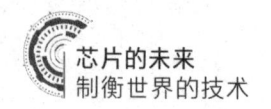

约也越来越明显。

日本正在快速进入老龄化和少子化的社会，其目标是建立一个新的"以人为中心的社会"，也就是由每个人共同贡献智慧的社会。

用智慧创造价值的社会，也是充分发挥个体优势的社会。日本的新战略就是制定可持续发展战略，创建一个全面活跃的社会。

推动这个战略的力量就是数字化创新。新冠病毒的扩散，在无意间加速了数字化创新的进程。数字化创新从建设平台开始，在这个过程中，速度决定了胜负。

在资本密集型社会，物质是资源，生产出来的物品就是价值。也就是说，材料经过加工成零部件，再加工成产品，在此过程中加入服务、设计和市场策略等智慧，最后在社会中得到应用。半导体就是一种零部件。零部件必须要成本低廉。

然而，在知识密集型社会，数据是资源，智慧是价值。也就是说，通过物联网和5G收集数据，经AI分析，然后形成服务和解决方案，再加上半导体的力量，最后在社会中应用。

因此，创造价值的主体已经转变，半导体的角色也已经提升到了更高的价值地位。半导体业务也必须从传统的零部件业务转变为社会建设业务。日本需要新的战略。

时间绩效重要的另一个原因是，半导体已经从工业的"大米"（基础设施）转变成了社会的基础设施。

在资本密集型社会，用于运输物料的道路、港口、铁路和机场都是社会基础设施。但在知识密集型社会，数据是资源，社会基础设施就变成了信息网络。支持这些信息网络的就是半导体。

作为零部件的半导体业务,其重视的是成本绩效。电视、个人电脑和智能手机等消费品,消费者每隔几年就有更换的需求,所以如果出现了更高性价比的设备,消费者就会选择更换。也就是说,成本性能变得很重要。

但是,通信设备和机器人等工业产品可能十年都不会更换,所以即使之后出现了性价比更高的设备,企业也不会选择更换。结果就是,先进入市场的设备会被广泛使用。

因此,在社会5.0时代的半导体业务中,时间性能变得非常重要。"时间就是金钱。"时间由开发效率决定,性能由电力效率决定。

后5G时代所需要的半导体

在5G时代,为了能够应对多样化的服务和用例,我们需要对基站进行软件化。也就是说,我们需要在通用服务器上进行功能虚拟化或分片,以便能够灵活地构建网络。

另外,从5G开始,由于该频率的电波难以远程传输,信号传输覆盖范围变小,所以基站需要小型化。也就是说,为了在城市中低成本大量安装基站,我们就必须减少这些基站的耗电、体积和重量。通信运营商的目标是"5瓦特、5升、5千克"。

由于上述原因,小型基站不能使用足够多的电力,不得不限制

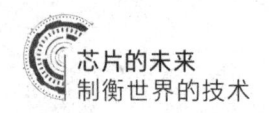

服务器的性能。为了弥补性能不足，我们需要安装电力效率高的硬件加速器。在服务器上装配搭载 FPGA 或 ASIC 的网卡，将大量的常规处理任务交给硬件来处理。

因此，从 5G 开始引入通用服务器（实际上，在 4G 之前采用的是 ASIC 的专用硬件），这时决定性能和成本的关键是 FPGA 和 ASIC 技术。

当通用服务器搭载了 FPGA 或 ASIC 作为加速器时，我们试算了一下需要增加多少制造费用、耗电、体积等，并把结果汇总在表 5–1 中。虽然根据设定的条件不同，数值也会变化，但我们可以进行相对比较。我们的 Raas 组织正在研发敏捷 3D-FPGA 和敏捷 3D-ASIC。

表 5–1　5G 基站硬件的时间性能

	服务器	FPGA	ASIC	敏捷 3D-FPGA	敏捷 3D-ASIC
开发周期	—	6 个月	14 个月	1 个月	6 个月
开发费用	—	10 亿日元	45 亿日元	2 亿日元	15 亿日元
制造费用（10 万台）	500 亿日元	200 亿日元	4 亿日元	250 亿日元	5 亿日元
耗电	50 瓦特	30 瓦特	6 瓦特	15 瓦特	3 瓦特
体积	3 升	2 升	1 升	1 升	0.5 升
重量	10 千克	1 千克	0.04 千克	0.5 千克	0.01 千克

在一定电力限制的条件下，对服务器、FPGA 和 ASIC 所能达

到的性能进行比较，其比值为 1/50∶1/30∶1/6，约等于 1∶2∶8。要想提高性能，使用 ASIC 非常有效。CPU 和 FPGA 的电力效率相对较差的原因在于，为了满足可编程要求，需要搭配额外的电路。另外，为了能够兼容过去的软件，历史上的积淀会在电路中累积。

然而，需要担心的是 ASIC 因少量生产而造成的高成本。7 纳米以下的产品仅制作掩膜就需要 10 亿日元，而且 EUV 光刻设备直到折旧结束之前，其价格都会很高。但即使如此，如果生产 10 万个产品，其成本也只是服务器价格的 1/10。也就是说，服务器的利润率是相当高的。

近年来，世界范围内的趋势已经从使用通用芯片转向开发 ASIC，其目的是节省电力和降低成本，也就是说，开发芯片的性价比高。选择开发 ASIC 可以获得更好的性能和更低的成本。

过去，通信设备制造商也积极开发 ASIC。20 世纪 90 年代，一块芯片内的晶体管数量只有大约 10 万个，因此能在几个月内开发出 ASIC。但现在，一块芯片内的晶体管数量已经增加到 10 亿个，仅设计就需要超过一年。

这意味着，随着集成度的提高，设计和验证所需的时间已经长到难以被接受，这才是 ASIC 面对的挑战。此外，在日本，ASIC 的设计能力也正在丧失，这也是一个难题。半导体业的衰退导致的人才流失和损失，给日本芯片产业带来了相当沉重的打击。

通信是基础设施业务，因此业务的连续性最为重要。拥有频段

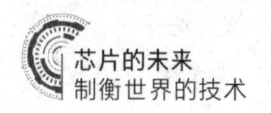

分配特权且可以稳定经营业务的通信运营商，可以在确定产品规格后让多个供应商竞争。在残酷的国际竞争中，供应商经过并购，最终只有少数大型制造商能够生存。然而，现在要求重新审视这种产业结构。因为日本最近要保障经济安全，要确保供应链的安全，并且这种情况目前正成为一种全球趋势。

供应商的竞争取决于从确定规格到市场投放前的时间长短。在通信设备业务中，最先推出设备的公司通常能够获得更多的市场份额。

时间性能在 AI 领域也很重要。因为人工智能领域技术进步速度很快，几年前的 AI 技术现在可能已经没有人使用了。

充分发挥计算机的作用

我从通信从业人员那里听到了这样的话："可能是存在商业习惯不同的因素，相比日本制造商需要 6 个月以上的时间来设计 FPGA，中国的某制造商只需要 2 个月。于是，我前往中国考察了他们是如何在两个月内完成设计的，结果发现他们采用的是人海战术。"日本应该采取的战术并非人海战术，而是充分利用计算机，减少人的介入，也就是"无人闭环"（No human in the loop）。

为了追求时间性能，RaaS 这个研究组织把开发效率提升 10 倍和能源效率提升 10 倍作为研发目标。

第五章 民主主义

为了实现将开发效率提高10倍，日本正在研发"敏捷设计平台"（如表5-1的敏捷3D-FPGA和敏捷3D-ASIC），并在国际合作中推广RISC-V等开放架构。研究机构充分利用计算机进行全自动的设计和验证，没有人的介入，也就减少了发生错误的可能性。

同时，为了将能源效率提高10倍，研究机构正在研发3D集成技术，与台积电合作并采用先进的CMOS技术。将芯片堆叠集成在同一封装内，大大缩短了数据的传输距离，从而大幅提高能源效率。

这种策略与美国国防部高级研究计划局（DARPA）项目"电子复兴计划ERI"的策略有很多共同之处。其不同之处在于，日本结合了自己擅长的3D集成技术。也就是说，日本通过EDA×3D集成创造了敏捷设计平台。

目前，日本的通信运营商将芯片设计外包给了高通、联发科、博通和海思半导体，其目标是，不依赖海外的芯片设计公司，用户自己就能利用计算机设计先进芯片。

2 敏捷开发——AI 时代的芯片开发法

从瀑布模型转向敏捷开发

在系统和软件开发方面，传统做法是采用瀑布模型（Waterfall Model）。瀑布模型是一种自上而下的开发和实现方法，其步骤是首先确定规格和计划，然后按照计划进行开发和实施。由于该方法在操作过程中不能回到前面的阶段，被比喻成水流从上游流到下游，所以被称为瀑布模型。

与之不同，敏捷开发是一种相反的方法。它于 2001 年作为一种新方法出现，即通过重复进行小单位的实施和测试，逐步推进开发，是一种自下而上的方法。相比瀑布模型，敏捷开发可以缩短开发周期，因此被称为"敏捷"，意为"快速、灵活"。

敏捷开发的优点之一是，具有灵活性，人们在开发过程中可以更改或添加规格。然而，它也有缺点，比如开发方向容易偏离，难以掌握项目整体情况，以及难以进行项目进度管理，等等。

既然规格和设计在开发过程中可能改变，那么如果我们基于的这个前提，在规划阶段不必制定严格的规格，只需确定大概的规格，然后适当保持灵活性，以便在中途出现更改时作出应变，这样就可以更好地满足客户的需求。

在确定了大致的规格和计划后，将系统分解为一个个小的单元，然后反复进行规划、设计、实施、测试，在1～4周的时间内不断地发布功能。

然而，芯片的设计是自上而下的。

首先使用文字和图表编写规格书，然后使用硬件描述语言（如Verilog）将处理过程分解为每个时钟周期的RTL（寄存器传输级）描述，再经过逻辑设计、电路设计和布局设计，最终绘制出光罩的几何图案。因此，芯片的设计是一个逐步降低抽象度的转换过程（见图5-1）。这种转换可以通过ChatGPT实现自动化。

作为芯片的最终用户，系统制造商负责RTL的设计（前端设计），而半导体设计公司负责逻辑设计以后的部分（后端设计），从而形成了分工合作的体制。

为了提高设计效率，从20世纪70年代开始，CAD被引入。这种方法首先从信息量大的下游开始，逐步被导入。20世纪70年代，掩膜设计实现了自动化，80年代布局设计实现了自动化，90年代逻辑设计实现了自动化。从20世纪90年代开始，上游系统设

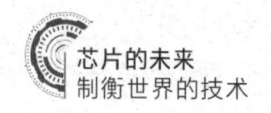

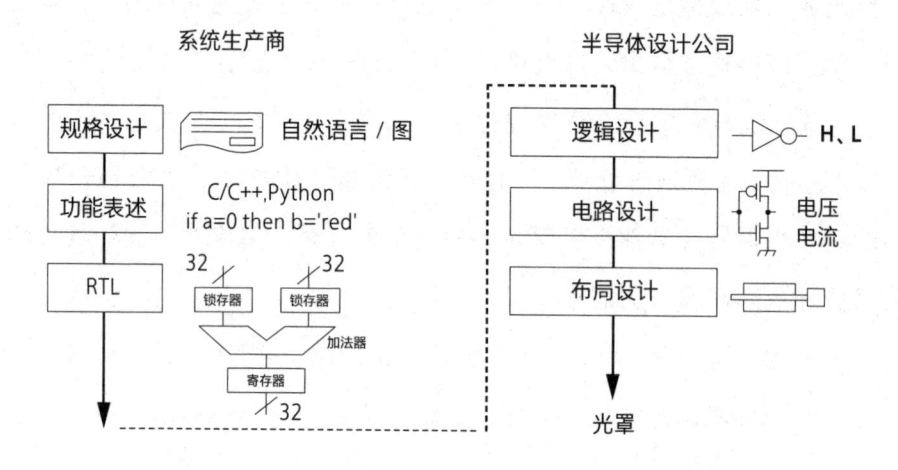

图 5-1　系统生产商像编写软件一样敏捷地开发芯片

计的自动化也开始被研究开发，并于2010年左右开始部分实际应用。

然而，提高系统设计效率的通常方法是重用RTL代码。像处理器核心和内存控制器这样的通用功能，以设计资产（IP）的形式在流通。另外，专用电路的RTL也不是从头开始制作，而是可以重用过去设计好的RTL进行组装。

即便如此，最近的大规模芯片，比如苹果公司的处理器芯片A12，集成了69亿个晶体管，开发这样的芯片需要数百名工程师进行多年的工作，开发费用也可能达到数百亿日元。

集成度呈指数增长，传统的开发方法也即将接近极限。

此外，AI的出现也带来了挑战。AI正在日新月异地飞速发展，以致前一年的技术到今天就已经显得过时。由此看来，投入数百亿日元和数年时间来开发芯片，风险实在太高了。

芯片的敏捷开发

我们认为,芯片用户也可以应用敏捷开发方法进行系统设计和验证。

将系统分解为小单元,先用 C 语言、C++ 或 Python 编写,然后使用高级综合工具自动生成 RTL,以此自下而上地组装系统。

我们可以像编写软件一样敏捷开发芯片,这样系统制造商可以大大缩短开发周期并降低成本,从而降低开发风险。

高级综合工具可以立即生成各种 RTL,这些 RTL 的功能包括调整电路性能和布局面积。使用这个工具,我们可以尝试性能和面积两者的平衡,从而设计出最优的 RTL,然后在 FPGA 上实施,或者在 ASIC 用的模拟器上进行测试,最终可以实现在短时间内迭代发布功能。

在传统的方法中,设计师在深入理解规格后,绘制块图,并在开始设计之前详细计算每个块的性能或信号连接的拥堵度等。然而,在设计的初期阶段估计性能和面积是相当困难的,必须依赖直觉和经验。最重要的是,当系统变得复杂时,人工处理将无法应对。

在敏捷开发中,对于分解成小单元的功能块,计算机将重复自动设计和验证,并进行发布。这个过程可以通过 ChatGPT 实现自动化。将发布的功能块自下而上地组装,也可以通过计算机实现自动化。通过使用高级综合工具,我们可以将控制机制分散到各个功能块中,然后连接功能块并组装成整体的控制系统。

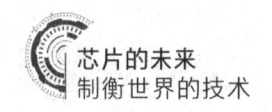

也就是说，就像开发并行分布式软件程序一样，我们可以通过组装功能模块来制造大规模芯片。

为了提高设计效率，使用 C 语言、C++ 或 Python 进行编程可以将代码行数缩短到 1/100。相比 RTL 描述，这大大减少了设计者进行研究和仿真所需的工作量和时间。

高级描述可以用参数表示电路结构，因此可以支持范围更广的构建，同时可以预先掌握功能、性能、接口协议的设置范围。

另外，如果准备好了与设计描述相对应的验证模型，不仅可以容易地确认更改范围，还可以在设计的同时高效地搭建验证环境。也就是说，我们可以进行涵盖设计和验证两轮的敏捷开发。

在这种方法中，专用的控制电路连接功能块，可以提高能源效率。在传统的方法中，将 IP 核[①]连接到 CPU 总线，并由 CPU 进行中央控制，是不能充分提高复杂处理的性能的，如 5G（通信）、H.265（视频压缩）或 WPA2（加密）。

另外，传统方法通常需要设计通用的 RTL，以便在其他项目中可以重复使用，因此倾向于设计性能过高的电路，但如果使用高级合成工具，可以为每个项目自动生成相应的最佳性能和面积配比的电路。

---

① IP 核，全称为知识产权核，指的是芯片中具有独立功能的成熟设计，此电路模块设计可以应用在包含该电路模块的其他芯片设计中，可以缩短设计的周期，从而减少设计的工作量，以提高芯片设计的成功率。——译者注

第五章 民主主义

分治法

我在加州大学伯克利分校的 CAD 课程中首先学到的是分治法（Divide and Conquer）。这种思想认为，即使是再复杂的问题，也可以将其分解为相类似的小问题，接着分别解决这些小问题后再将其组合，最后获得解决方案。许多计算机算法都是基于这种思想设计的。

问题的分解、解决和结论的组合都采用递归方式进行。这样，计算时间会大大缩短。

例如，让我们比较一下排序算法的计算量，假设计算量的基准为 O。我们来看看计算量 O 会跟随输入的大小 n 如何变化。在最简单的冒泡排序算法中，O 与 n^2 成正比，计算时间复杂度为 $O(n^2)$，而在使用分治法的快速排序中，O 与 $n\log_2 n$ 成正比，大大缩短了计算时间。[36]举个例子，当 n 为 1000 时，计算量约为原来的 1/100，即计算速度提高了约 100 倍。

AI 时代需要的是快速的试错。利用 AI 分析大量数据找到模型，快速实现这个模型，再收集更多数据进行分析，不断改进。如何高效地进行这样的试错，是至关重要的。

我们必须在敏捷开发与大规模设计这两个相互冲突的约束条件下，创造出适应 AI 时代的芯片开发方法。

无论在敏捷开发还是数据收集方面，日本还有很多可以向中国学习的地方。

3　硅编译器——就像编写软件一样设计芯片

硅编译器 1.0

编译器是一种能将源代码转换成目标代码的软件。源代码是用接近人类语言的高级语言编写的，所以计算机无法直接理解。因此，我们使用编译器将其转换为机器语言的目标代码，即可执行的二进制代码。

同样，我们将硬件规格转换为硅芯片的软件称为硅编译器。比如，它可以将硬件描述语言 Verilog 转换为硅芯片上的电路形状数据 GDS-II。

1979 年，加利福尼亚理工学院的大卫·约翰森（Dave

Johannsen）发表了一篇名为《比瑞鬃块：一个硅编译器》（Bristle Blocks: A Silicon Compiler）的论文①。那一年，卡弗·米德（Carver Mead）和琳·康维（Lynn Conway）合作编写了VLSI设计教科书《超大规模集成电路系统导论》（*Introduction to VLSI Systems*）（我就是被这本教科书吸引，投身于VLSI的世界），所以硅编译器应该是一个自然的想法。

约翰森的导师是米德。[37]卡弗·米德在1982年的一篇题为《硅编译器和代工厂将引入用户设计的VLSI》（Silicon Compilers and Foundries Will Usher in User-Designed VLSI）的论文中预见了使用硅编译器和芯片代工厂制造专用芯片的时代。

约翰森于1981年与埃德蒙德·K. 程（Edmund K. Cheng）共同创立了硅编译器公司（Silicon Compilers Inc.）。使用该公司的GENESIS平台，用户可以通过选择菜单的方式在很短的时间内设计出芯片，只需传统方法的1/5左右的时间。据说数字设备公司（DEC）在开发名为MicroVAX的小型机时使用了这种技术。

然而，除此之外并没有取得大的成功，该公司最终被出售。另一家名为西雅图硅技术（Seattle Silicon Technology）的公司也开发了硅编译器，但也没有成功商业化。

硅编译器至今仍未能实现商用化，是什么原因呢？

硬件与软件不同，软件即使有漏洞，也可以在后期使用中通过打补丁来修复，但硬件必须立即修正。另外，我们认为软件的性能

---

① 比瑞鬃块指的是可以在任何位置相互咬合的刷形块状玩具，它们的外观类似于半导体。——译者注

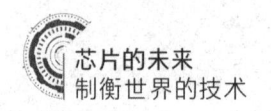

会随着硬件的进化而进化（升级），但硬件的性能应该在制造完成时就满足规格，因为硬件在制造完成后几乎不可能再升级。也就是说，硬件设计比软件要难得多（更"硬"），开发风险也更高。

一键编译在软件界可能是理所当然的，但在硬件界仅仅是一个梦想。芯片设计工具的主要供应商，如新思科技和楷登电子，也开发了名为"编译器"的工具，但这些工具是专门提供给熟练技术人员使用的。让设计芯片变得像写软件一样简单，这只是一个遥不可及的梦想。

硅编译器 2.0

最近，对硅编译器的期望再次升温，其原因与以往不同。

设计的核心在于 PPA（功率、性能、面积）的优化。以前，面积，也就是芯片的成本，是最优先考虑的因素。之后，性能，也就是芯片的运行速度，变成最重要的考虑因素。现在，功率则成为需要最优先考虑的因素。这是因为芯片的电力功率已经达到上限，所以要进一步提高芯片的性能，只有通过提高芯片的电力效率。也就是说，芯片的性能取决于其电力效率。

与可以做任何事的通用芯片相比，去除无用电路的专用芯片可以显著提高电力效率。然而，专用芯片的产量比通用芯片少得多，从而导致开发费用在芯片成本中占据了很大的比重。

芯片设计技术已经无法跟上摩尔定律的步伐，而且近年来开发成本急剧增加，甚至达到了 100 亿日元的规模。假设以 100 亿日元的总开发费用，制造 1000 万块单块成本是 1000 日元的芯片，在这种情况下，芯片成本的一半就是开发费用。也就是说，如果能将开发成本降低到原来的 1/10，即使芯片的面积增加到 1.5 倍，也能降低 25% 的成本。

过去，由于开发费用在成本中占比相对来说非常小，所以面积是最优先要考虑的，但现在由于开发费用急剧增加，所以需要降低成本。另外，不仅是要降低开发成本，还有必要缩短开发时间，因为现在的技术更新很快，缩短开发时间可以降低风险。

ASIC 能显著降低功耗 1 个数量级以上，如果能够使用编译器在短时间内以低成本开发出 ASIC，即使性能或面积不理想，也能实现盈利。并且，如果芯片开发数量增加，就可以利用多项目晶圆服务（Multi-Project Wafer，简称 MPW）将高达 10 亿日元的掩膜费用降低到 1000 万日元。

如果再结合高级合成，用 C 语言描述芯片，那么芯片设计者社区将会像软件设计者一样扩大。再如果硬件世界也能开展开源的商业模式的话，那么商业生态系统的网络将在多个层面上扩大和发展，实现大规模协作也将成为可能。这样，我们就能像编写软件一样设计芯片。

d.lab 正在研究开发这样一个设计平台，它使用高级编译器将 C 语言编译为 Verilog，并在 3D-FPGA 上进行系统设计和验证，然后将 Verilog 编译生成 GDS-II 来开发 ASIC。

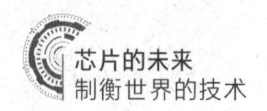

我们的目标是实现硅技术的民主化。系统开发者能立即制造ASIC是我们的目标。为了实现这一点，我们希望能做到，通过硅编译器将开发效率提高10倍，并能像编写软件一样设计芯片（见图5-2）。

图5-2　用硅编译器能像编写软件一样制造专用芯片

复　兴

1986年，我在东芝公司工作时曾经寻求与硅编译器公司合作的机会。在那项工作中，我遇到了汤姆·霍（Tom Ho），他后来成为我最亲密的朋友之一。

汤姆从中国澳门移民到美国加利福尼亚，毕业于加州大学伯克利分校，曾在英特尔担任Intel 80286的设计主管。之后，应埃德蒙德·K.程的邀请，他加入了硅编译器公司。我们相遇时，他31岁，我27岁。在圣何塞的汽车旅馆里，我们一边在笔记本上画着电路图，一边讨论电路，都忘记了时间。汤姆教我，SRAM的感应放大器最好使用输入输出短接的反相器。正是受那次讨论的启发，我后来在1991年发表了关于ABC（自动偏置控制）电路的文章，并最终实现了该想法。

我问汤姆在哪里学的电路设计，他回答说是在加州大学伯克利分校的课堂上，正是卡洛·塞坎（Carlo Séquin）教授的课。于是，当我说我想去加州大学伯克利分校时，他带着厚厚的GENESIS手册，开了一个半小时的车将我带到了伯克利。

1988年，我去了加州大学伯克利分校留学。那时的导师是大卫·帕特森（David Patterson）和开发RISC-I的卡洛·塞坎。[38] 20世纪70年代，唐纳德·彼得森（Donald Pederson）在加州大学伯克利分校开发了电路模拟器SPICE。20世纪80年代，理查德·牛顿（Richard Newton）、阿尔伯特·桑乔瓦尼-文森特（Alberto Sangiovanni-Vincentelli）和罗伯特·布雷顿（Robert Brayton）领导了自动布局和逻辑合成的研究。新思科技和楷登电子等公司也相继成立，那真是一个非常辉煌的时代。从2000年开始，EDA市场逐渐饱和，技术进步也变得缓慢。

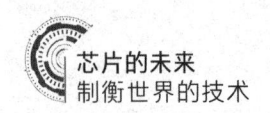

最近我经常听说，在加州大学伯克利分校，学生们用Chisel语言编写RISC-V，并每月进行一次流片（Tape-out）[①]的事。我感受到了EDA复兴的气息。

汤姆，我们再来一起做硅编译器吧！

[①] 流片指提交芯片生产的设计文件。——译者注

4 半导体的民主化——敏捷 X

敏捷 X

继电子科技之后,下一个技术是什么?是自旋电子学、光子学,还是……

为了推动节能型高性能半导体创新,寻找新的突破口("X")来推动研发工作,以及培养未来半导体产业发展的领军人才,日本文部科学省的"组建下一代 X-nics 半导体创新中心项目"公开征集提案。该项目计划从 2021 年开始,到 2031 年结束。整个项目首年度预算 30 亿日元,次年度预算 9 亿日元。单个项目首年度预算 10 亿日元,次年度预算 3 亿日元,以后每个年度根据当年的政府预算做调整。

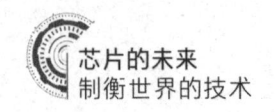

我们用以下的提案申报了这个项目。

无论下一代的技术是什么，我们都应该把半导体技术快速地实现社会化应用。也就是说，敏捷是新的"X"切入点。

这个提案得到了采纳，"敏捷X——创新半导体技术的民主化中心"项目于2022年在东京大学正式启动。

专用芯片的问题在于开发效率。即使有100人的团队参与设计，也可能仍需要一年的开发时间。此外，制造还需要4个月。而且，开发费用可能超过50亿日元。随着集成度的提高，开发周期和成本还会急速飙升。

久而久之，能够开发专用芯片的日本公司逐年减少，如今已经开始出现空洞化趋势。即使在日本建立新的半导体工厂，如果产品只有海外公司使用，那就不能直接给日本的数字产业提供支持。所以，日本应该加强其设计能力。

首先，开发需要一年半的时间，这本身就与数字时代的增长战略不相符。

许多行业的领袖，如艾伦·凯和史蒂夫·乔布斯（Steve Jobs）等人，很早就已指出将硬件和软件高度融合的重要性。

软件可以通过版本迭代更新进行升级，而硬件是无法实现快速更新的，所以将两者高度融合是非常不现实的。

"能否考虑给我设计一种像软件一样可以升级的芯片？"曾经有一位电机行业大公司的经理这样认真地问我。

也就是说，我们想要像编写程序一样设计芯片，并且像编译程序一样试制芯片。实现这个梦想就是敏捷X的目标。

如果能开发出这样一个平台,将芯片开发周期缩短到原来的1/10,成本降低到原来的1/10,那么设计专用芯片的人员便会增长10倍,芯片就会实现民主化。

然而,这种思路真的可行吗?

我们需要的是改变思维方式。工业界的技术体系是以标准化大规模生产为导向的。尽管我们可能无法创造出比这更优秀的体系,但是我们可以创造出不同的技术体系,也就是以多品种小批量生产为导向的新技术体系。

首先,我们应该通过计算机实现完全的计算机自动化设计。也就是说,在设计周期中不需要人的参与。

当然,与专业设计师花费大量时间进行设计而达到的高性能相比,我们可能无法达到同等水平。

然而,80分就够了。

比起花时间将设计做到满分,将设计周期缩短到原来的1/10更为重要。在数字时代,时间就是金钱。我们需要的是时间性能,而不是成本性能。要达到这个目标,日本可以利用其在实现这一目标所需的高级合成技术领域的领先优势。

其次,我们应该通过半定制化生产进行快速试制。

这就像是选择半定制制作的服装,而不是全定制。具体来说,就是会预先制造好晶体管,再通过布线制造出专用电路。

如果采用通用芯片的话,那么当使用芯片数量达到100块时,我们可以用一片晶圆的1/10价格,也就是大约几十万日元的价格,购买到最先进的晶体管。而且,如果只是布线的加工,我们可能在

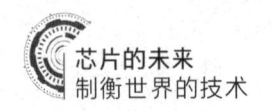

一个月内就可以制造出来。20世纪90年代，我们曾经在一周内开发了门阵列芯片。尽管与那时相比，布线层数大幅增加，但我们还是有可能在一个月内完成制造。我们还希望探索一种技术，即不制造昂贵的掩膜的情况下，直接在晶圆上绘制图案的技术。虽然制造的吞吐量会下降，但如果是小批量生产，这种方法反而更经济。另外，我们还打算使用芯粒来复用设计资产。

如果我们能做好这些事情，那么在此基础上开发专用芯片的时间和成本，降到传统的1/10可能并不只是梦想。甚至其造成的影响可能是，开发专用芯片的人数会增长10倍以上。

目前，软件人才是半导体人才的10倍以上，他们正基于通用芯片来开发系统。这使得电力消耗大增，从而无法提供优质的服务。

如果我们能以原来1/10的时间和费用开发出专用芯片，那么软件人才和半导体人才就能够达成合作，从而实现硬件和软件的融合，进行快速的开发迭代和改进的循环。这就是我们的目标，也是敏捷X十年后的愿景。

为科学发展作出贡献

如果我们把敏捷 X 用于教育，我们就能从系统设计开始一直学到电路和器件制作，也就是说，我们可以从半导体制造的起始阶段一直到完成制造的阶段，进行全面的学习。由于我们可以在几周内进行设计和试验，所以即使在单季度制的课程中也可以开课实习。再进一步说，我们把制造设备连接到互联网，让日本各地的学生都能操作洁净室，就能在元宇宙中体验器件的制造。我们正在开发这样的教育系统，希望到2024年可以在日本全国范围内推广。

再稍微进一步思考的话，其实研究者也是处于激烈、残酷的时间竞争之中的。我们知道，虽然研究者在获得研究成果之前，使用了大量的数据分析，努力工作去寻找真理、发现真理，但即使落后于竞争对手一天时间，他们的研究成果也得不到认可。如果我们把敏捷X用于科学研究，我们就能快速分析数据，寻找真理，或者验证我们的想法，并把想法在社会上进行应用。所以，也可以说，我们还可以为科学研究的发展作出贡献。

大卫·肖（David Shaw）是一位自己出钱开发超级计算机并将其用于药物研究的科学家。他在1980年获得斯坦福大学的博士学位，之后在哥伦比亚大学教授计算机科学。1988年，他创办了资产管理公司德劭基金（D. E. Shaw），利用计算机资源和高级数学方法进行资产管理，使得该公司成为世界最大的对冲基金公司之一。后来，由于亲人患上了癌症，他对蛋白质的分子动力学产生了兴趣，于2001年创立了德劭研究所（D. E. Shaw Research），并在纽约的高楼里集结了生物学、化学、物理学、数学、计算机科学和工程学的研究人员。

蛋白质的性质在很大程度上取决于氨基酸链的折叠方式，与药物反应时会发生改变。为了解析其立体结构，需要对每个原子进行1万次运算。如果对100万个原子进行以毫秒为单位，以飞秒（1飞秒=1/1000万亿秒）为时间增量重复进行运算，那么就需要进行

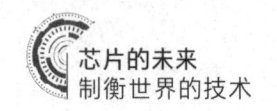

10^{22} 次方的运算。这是一个巨大的计算量。

因此，他在 2009 年开发了一台由 512 个节点组成的分子动力学专用的超级计算机。到 2014 年，他又开发了新的专用芯片，将运算性能提高到每秒 12.7 万亿（10^{12}）次。使用这块芯片，每秒钟 512 个节点就可以进行 6.5 千兆（10^{15}）次的运算。10^{22} 次的运算所需时间缩短到 20 天，使得大规模的实际课题可以在比较现实的处理时间内获得解决。

如果你看到最后的模拟动画，你就会发现蛋白质很柔软，偶尔会快速移动。它能再现蛋白质的大规模波动，这让人眼前一亮。

反过来，科学的进步也有可能加速芯片的进化。

我和麻省理工学院的分子神经生物学家正在开展联合研究。这个领域近年来的发展备受瞩目。目前，广泛使用的神经网络实际上是 70 年前的旧模型。我们发现，如果将它替换成最先进的模型，AI 处理的能耗可以降低到现在的 1/1 亿。

详细的解释就不说了，其中关键是在突触中使用了大约 10 种非线性函数。在电路中，非线性函数可以通过查询存储在内存中的表（Lookup table，简称 LUT，即查找表）来求解。

要实现这个最新的模型，即使采用最先进的制程技术，也需要大约 10 块芯片。最终，来自最先进分子神经生理学的神经网络，可以将 AI 处理所需的电能减少到当前的 1/1 亿。从另外一方面来看，其实是创造出了最先进半导体的市场需求。

因此，科学和半导体技术将持续共进化。

第五章 民主主义

SPICE 在我脑海中留下了深刻的印象

20 世纪 80 年代到 90 年代，出现过一个专用芯片的时代。

我大学毕业后进入东芝公司，每天都在进行电路仿真。当时的计算机是 IBM 的主机 S/370。我们要将打孔的一堆纸卡放入卡片阅读器，卡片阅读器会嗒嗒作响地读取这些纸卡，再经过几个小时的沉寂，突然打印机会如吼叫般吐出大量的纸张。当我拉出这些纸张并用彩色铅笔描绘其符号时，电路的动态波形就呈现了出来。

当时采用的电路模拟器是由加州大学伯克利分校的唐纳德·彼得森教授开发的 SPICE，这是一种以集成电路为重点的模拟程序。

当你使用一项工具越多时，你就会更加熟练地使用它，然后你就会发现使用它变得更加有趣。

SPICE 最终栖息在我的脑海中。在用计算机进行计算之前，我只需看一眼电路图，就能预见其工作状态。可以说，SPICE 是我的重要导师。

对我来说，SPICE 的手册就像《圣经》一样。当我站在手册封面上描绘的恺撒塔前时，我会感到异常激动。

我在 1988 年去加州大学伯克利分校留学。当时，伯克利分校正是半导体国际人才流动的交汇点。在那个专用芯片的时代，伯克利有着吸引全球人才的磁力。

设计工具的大公司，比如新思科技和楷登电子，都诞生于伯克利。此外，可以说 iPad 的原型系统，在苹果公司将其产品化的 15 年前就在伯克利进行了实证实验。

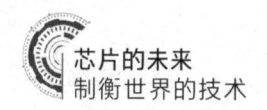

现在，我们再次迎来了专用芯片的时代。我希望日本的大学能成为国际人才流动的交汇点。

虽然说起来有点画蛇添足，但我曾经沉迷于用SPICE进行仿真，甚至在飞机上也使用个人电脑版的SPICE进行电路模拟。这给我带来了很多乐趣。但随着时间的推移，我把这项任务交给了学生。我在飞机上也变得更喜欢喝红酒、看电影，结果，SPICE就从我的头脑中消失了。这真是让我感到遗憾万分。

【专栏】国际人才流动

萨拉托加（Saratoga）是位于硅谷附近的高档住宅区。在泳池边的沙发上坐着的是，大卫（David）、阿明（Amin）、萨哈尔（Sahar）以及TT。他们四个人都是我在加州大学伯克利分校的学生。

他们毕业已经15年了。大卫是从中国来的留学生。毕业后，他在硅谷取得了成功，现在已经成了一个投资家，扮演着中美桥梁的角色。他就是这个住宅的主人。

阿明和萨哈尔是从伊朗来的留学生。现在，阿明是斯坦福大学的副教授。他和他的同班同学萨哈尔结婚了，现在住在旧金山的市中心。

TT也是从中国来的留学生，现在是中国台湾大学的副教授。他在度假期间来到了伯克利。

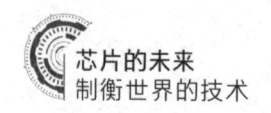

大家正在热议的话题是，加州大学伯克利分校的计算机科学系有两位教授，各自向大学捐赠了2500万美元。据说，这两位教授在创建了一个从云计算进化到天空计算的公司后，取得了巨大成功。

然后，话题转到了阿明在硅谷创办的初创公司。他解释了最近不通过IPO（首次公开募股）而进行资金筹集的公司不断增加的原因。不久，世界经济成为大家讨论的话题，后来，中国和中东的经济和历史成为热议的话题。

然后，大卫开始讲述他和我一起进行的一次历史考察的经历。

大卫的朋友朱丽中收藏了一幅日本的卷轴。大卫在2022年春天咨询我如何解读它。我向东京大学附属图书馆馆长坂井修一教授求助。后来，东京大学历史材料编辑部特别安排进行了翻译和相关调查。

次年，也就是2022年春天，大卫来日本参观访问，当我们在一家天妇罗店回顾此事时，谈话却朝着出人意料的方向展开了。我们提到了台积电创始人张忠谋。

事实上，朱丽中的母亲是日本足利家的直系后代，其曾曾祖父是水户藩主德川齐昭。她手中的这幅卷轴，原来是德川家族的传家之宝。而朱丽中在加州大学伯克利分校留学时与一名叫作吴锡九的科学家结婚。

吴锡九是被称为"火箭之王"的科学家钱学森的学生，那时候他为了拜师学习，不得不远渡重洋去中国学习。而钱学森的妻子实际上是朱丽中的亲戚。吴锡九在中国科学院成功地实现了双极晶体管的国产化，为中国首台国产计算机的制造作出了巨大贡献。后来，他与朱丽中一起回到了硅谷。

实际上，吴锡九是张忠谋的中学同学。

大卫在加州大学伯克利分校的一个前辈，接受当地政府的请求，帮助促成张忠谋受邀回到中国台湾。

大卫和朱丽中的交往，经过了复杂的路径，最终与张忠谋相连。

历史的线索编织出复杂的图案。在国际社会形成的人才流动网络中，万有引力在起作用。这次，这个万有引力就是半导体、加州大学伯克利分校以及最重要的友情。

那年夏天，早上八点，我访问了日本众议院第二议员会馆，我被邀请成为自民党议员学习会的讲师，在座的有许多都是担任过部长的人。在那里，我发表了题为"国际智力循环——半导体的蝴蝶效应"的演讲，并分享了上面这个故事。

我还分享了国际会议 VLSI 研讨会成立背后的故事。那是在 20 世纪 80 年代初，日美半导体摩擦愈演愈烈的时期。

半导体是当时最先进的科学技术。研究人员之间有着对研究成果的尊重，以及基于这种尊重的友谊。东京大学教授田中昭二认为，在研究人员社群中，搭建与美国的桥梁至关重要。因此，他向美国半导体社群的中心人物、美国无线电研究院实验室的沃尔特·科索诺基（Walter Kosonocky）博士提出了这个想法。

沃尔特·科索诺基于1944年逃离乌克兰的基辅，之后移居美

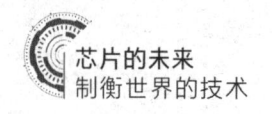

国，在苦学之后成了美国著名的半导体研究者。

1981年，国际会议VLSI研讨会举行了第一次会议，其概要中这样记载："美国和日本是VLSI技术发展的两大中心。发展的目标是开发大规模和高速运算的器件，以低成本实现高质量的信息处理。我们相信，VLSI技术将引发信息革命，提高生产力，改变教育和信息交流的概念，从根本上改变工作和休闲的生活方式，将深刻影响工业社会中人们的生活方式。这个研讨会的目的是，让从事VLSI技术的科学家和工程师带着合作的精神聚在一起，互相汇报研究成果，讨论未来技术发展的方向。"这无疑是一个至今仍然适用的真理。尽管日本在日美半导体摩擦中深受打击，导致半导体产业逐渐衰落，但现在仍然有很多来自美国和世界各地的知名研究者留在日本。日本为什么能够留住这些国际人才？这都要归功于那些设立并运营VLSI研讨会的前辈们的智慧。

我第一次参加VLSI研讨会是在1988年，当时会议在圣地亚哥举办。我当时只有28岁。在一个500多人参加的宴会上，我的上司指着人群中的一个人说："那个人是沃尔特·科索诺基，他是美国的中心人物。去跟他打个招呼。"

实际上，那个会场上还有另一个人，跟我一样，也是第一次参加VLSI研讨会的年轻人。那就是沃尔特·科索诺基的儿子史蒂夫·科索诺基（Steve Kosonocky）。

现在，史蒂夫·科索诺基和我都是VLSI研讨会的委员会主席。

最后，我向在场的议员们传达了以下信息：

计算机科学之父，英国数学家艾伦·图灵，他曾经说过："有时候正是那些最意想不到的人，才能做出最超出想象的伟业。"蝴蝶效应会在国际智力循环中产生。

创新来源于集体智慧。因此，除了"深度摩尔"或者"超越摩尔"这样的纳米技术之外，还要有"更多人参与"，也就是说，半导体的民主化非常重要。

并且，培养更多的高层次人才并将他们连接到国际智力循环网中也是举足轻重的。大学就是这个交叉点和孵化器。

研究工作本身事先并不知道会取得什么成果，所以需要有准备大量"浪费子弹"的决心。另外，国际联合研究将为接入国际智力循环网络提供绝佳的机会。

最后，我想说的是人才是日本的资本，是实现新资本主义的成功关键。

第六章
超进化论

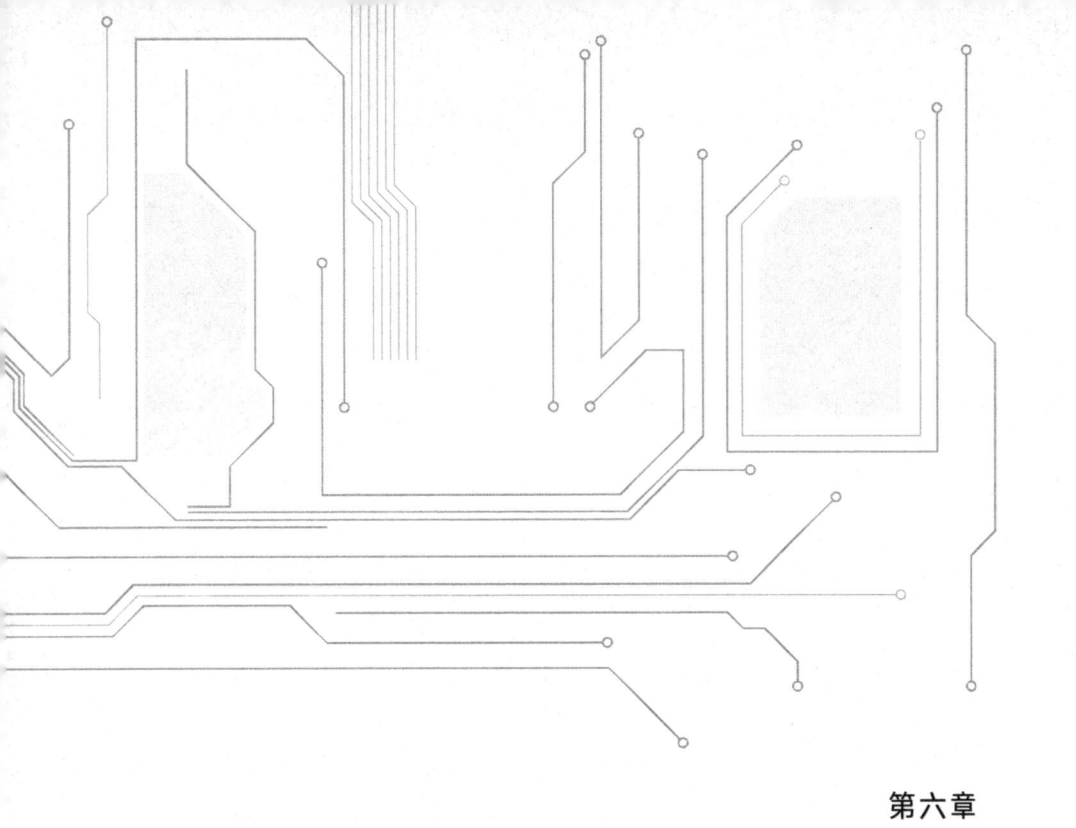

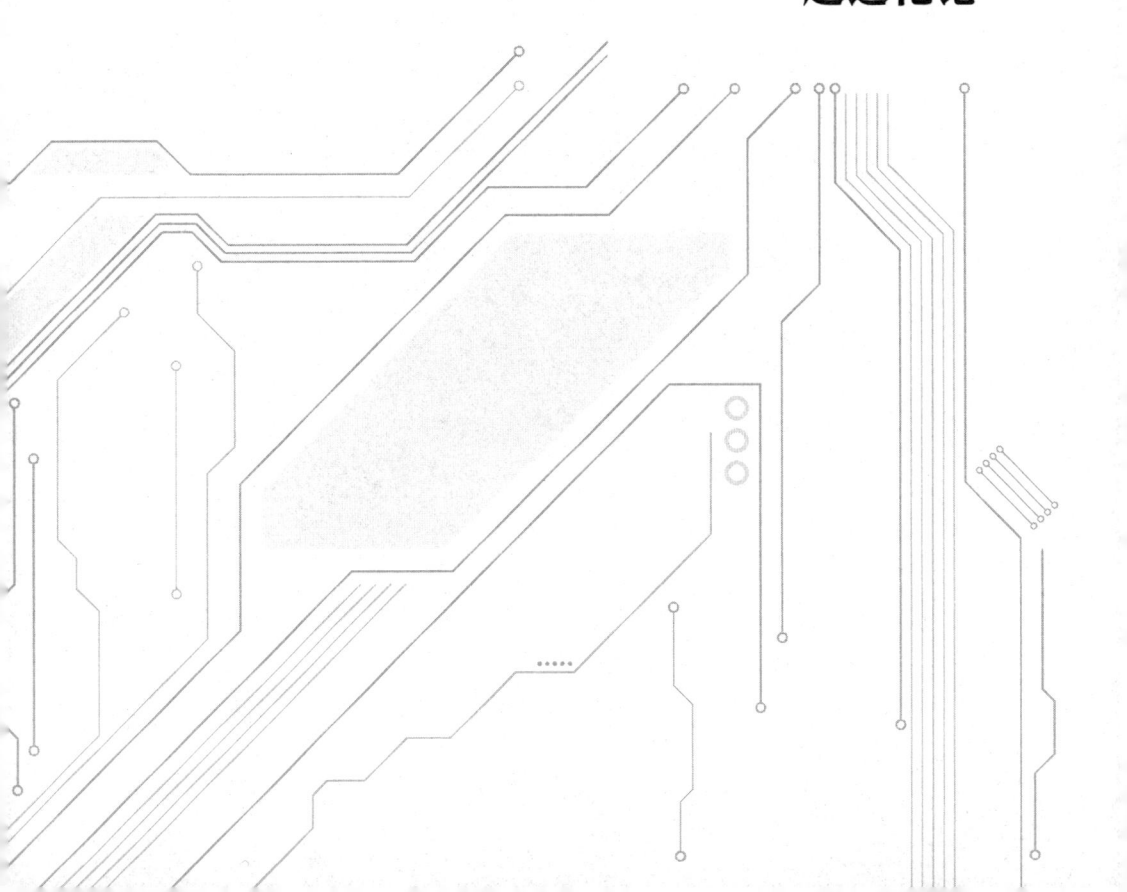

1　巨大集成

1959年12月29日,在加利福尼亚理工学院召开的美国物理学会的年会上,物理学家理查德·费曼说了如下的话:

底部还有很大空间。

意思是,在微观世界中还有许多有趣的事情等待我们去探索。
这句话开启了微观设备的探索之旅。
随后,微电子学诞生了,并发展成纳米电子学。
在半导体微细化接近极限的情况下,进一步推进的就是"深度摩尔"。日本从长时间的休眠中醒来,一下子就要挑战2纳米以下的微小世界。
另外,"超越摩尔"希望取代微细化,创造出超越微细化的新

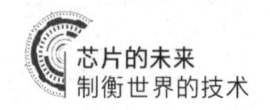

价值。这方面的研究和开发也在加速。在百家争鸣中，3D集成技术是排在最前面的。我们已经进入了将多种器件集成在一个封装中的3D集成时代。

我把费曼的话记在心里，强调了以下观点：

顶部还有很大发展空间。

也就是说，相对于底部是纳米（10^{-9}）的微小尺寸的探索，顶部是吉（$10^9 = 10$亿），甚至是太（$10^{12} = 1$万亿）的巨大集成的探索。[39]

实现集成1000亿个晶体管的芯片指日可待。英特尔首席执行官帕特·格尔辛格预测，到2030年，一个封装内可能集成1万亿个晶体管。太级别集成的时代近在眼前。

20世纪80年代，集成了1万个晶体管的芯片被用在电视和录像设备上。到了21世纪初，集成了1000万个晶体管的芯片被用在个人电脑上。而如今，集成了100亿个晶体管的芯片被用在智能手机上。

那么，1万亿个晶体管会创生出什么呢？

今后，半导体将通过高度融合物理空间和虚拟空间来创造价值。半导体的舞台将进一步扩大，半导体产业占名义GDP比重将朝着0.6%的目标前进。预计到2030年，全球市场规模将达到100万亿日元。那么，融合了物理空间和虚拟空间的半导体产品会被具体用在什么地方呢？例如，它可以被用于自动驾驶。

首先，自动驾驶可能会在类似工厂园区这样的限定区域应用。然后，无人驾驶的运输车辆可能会在高速公路上形成无人长队。最后，在人口稀少的地区，自动驾驶可能会成为驾驶困难的老年人安全出行的有效方式。

在开车排队进入停车场的长长队伍中，人们完全可以一键切换到全自动驾驶，然后下车让车自动排队进入停车场停车，同时自己忙自己的事情去。这将缓解停车场周围的拥堵问题。

即使在普通道路上，也会逐步从辅助驾驶向自动驾驶转变，技术会逐步升级。到那时，城市的交通堵塞问题将得到解决。有人说，如果你能给自己多留出 20% 的宽裕的驾驶时间，交通堵塞就不会发生。汽车和城市的协作就可以创造这种宽裕。

另外，机器人技术也将创造出巨大的市场。

从支持清洁和护理的机器人到能烹饪和聊天的机器人，各种各样的机器人都将问世。

更进一步，利用传感技术等手段，将产生可以自动收集城市各处信息的智慧城市，以及通过数据驱动自动运行的智慧工厂，它们将会逐渐减少人工成本，使功能变得更智能。

在所有这些方面，半导体都起着至关重要的作用。

日本是世界上最早迎来少子化和人口老龄化社会的国家，是一个社会问题跑在世界前面的发达国家。

人口急剧增加，会造成食品短缺问题；人口急剧减少，会造成劳动力短缺问题。半导体可以帮助解决这两个问题，特别是在劳动力短缺的问题上，通过将 AI 应用到半导体并改造社会，可以解决

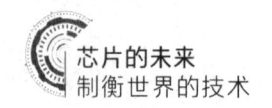

许多问题。

这取决于想法，也就是需要创新。

创新萌芽于众人思想交汇之处。为了让更多的人参与创新，"更多人参与"变得非常重要。

与30年前的电视和视频时代相比，半导体的集成度已经增加了100万倍。

过去的半导体产业就像是住宅标准化建造行业的竞争，多个制造商竞争销售相同规格的房子，购买的关键点是哪个最便宜。

未来的半导体不再是制造标准化的房子，而是变成了城市建设。在想要建设成什么样的城市这个问题上，存在着各种各样的选择。

而且，一个公司或一个行业是无法独自建设一个城市的。例如，在自动驾驶领域，需要汽车制造商、电子设备制造商、通信服务商、数据中心、公共服务、社会基础设施、保险、广告等各种行业的协同配合，才能推进相关技术发展。

半导体将从房屋建造进化到城市建设。

2　丰富的森林——生态系统的力量

让我们把视角从半导体用户转回到制造商。日本在半导体的制造设备和材料方面具有非常强大的实力。

一套半导体制造设备由超过10万个零部件组成，相比之下，一辆汽车的零部件数量大约只有3万个，所以半导体制造设备是一个规模庞大且复杂的设备。

而且，每一个订单的规格都不尽相同。也就是说，每台设备的10多万个零部件的清单都是不同的。每台设备采用小规模工作团队独立定制化作业生产方式，从组装产品到进行检查都由少数人完成，实现了极致的多品种少量生产。

此外，给半导体制造设备制造商提供零部件的供应商也种类繁多，甚至还存在给这些供应商的供应商提供定制零部件的制造商，以及为零部件制造商提供材料的供应商。

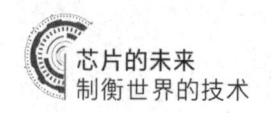

可以说，围绕半导体形成了一个具有多层次和跨越多行业的巨大网络。

让我们更具体地看一下。半导体制造设备需要进行各种加工，比如对晶圆进行搬运、旋转、涂抹液体、吹气等。其中有些要在正常空气环境中进行，有些要在真空中进行，因此，设备内部布满了液体和气体的管道，以及用于供电和控制的电线。此外，它还具有回收处理过的液体和气体的下水功能。家里也是，水、气体和电力都是从外部供应的，然后在各种设备中被消耗，最后被排入下水管道。半导体制造设备就像是把房屋的功能微细化到极致。

供应给设备的电力、液体和气体是由用户的工厂提供的，而这种供应形式却因用户而异。为了应对这种情况，不仅制造商的制造方式需要根据用户的情况进行调整，而且上游的设计也需要进行调整。

因此，为了建造复杂的系统来适应用户的情况，制造商需要与用户进行多次的交流和持续调整，并互相扶持，持续应对挑战，以实现技术不断进化。

这确确实实就像森林的生态系统一样。

半导体制造中使用的材料也是如此。

因为每种半导体材料的特性因制造设备的不同而不同，所以需要进行细致的调配。也就是说，半导体材料也是极端的多品种少量生产例子，也可以说是定制的产品。

例如，在制造半导体材料时，温度是影响最终产品的一个关键因素。制造温度越高，化学反应越快，制造所需的时间越短。但是，制造时的温度越高，材料结构的差异就越大，良品率就会变得越低。

制造商会向用户推荐可让材料发挥出预期性能的工艺条件。然而，用户极少会在这个推荐的条件下操作，因此常常会出现问题。这时就是优秀制造商发挥作用的关键时刻，制造商需要根据其拥有的数据库，在短时间内根据用户的工况，对工艺条件进行优化以满足用户需求。

此外，材料产业也形成了一个既深且广的网络。化工厂里有着各种材料、机械、电气供应商，这些供应商的网络下面还有支撑这些供应商的网络，它们的下面还有网络，从而形成了多层次的复杂的产业网络。

举例来说，半导体需要封装，而封装时需要使用热膨胀少的强化纤维、基板、封装材料等特殊材料，这些都是由电子材料制造商提供的。接着，由于电子材料需要特殊的处理，如表面处理剂、反应促进剂、防氧化剂等，所以材料制造商会专门为此生产和销售配套电子材料等级的材料。

我听一位材料制造商的高级管理人员说过，他们曾经考虑在海外创建一个类似于日本的工业生态系统，但最终放弃了。因为，将支撑电子材料制造商的中小企业网络完全移植到海外是非常困难的。

我们往往只看到大树，媒体只关注大公司的兴衰。

然而，真正支撑大公司的是丰富土壤，也就是工业生态系统网

175

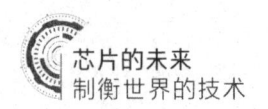

络的力量，这个系统网络力量的强大才是真正工业力量的强大。日本在半导体制造设备和材料方面的强大就在于此。

  台积电不会在未开垦的土地（绿地）上建厂，它只会选择在老工业用地①，即具有丰富工业生态系统的地方建厂。日本熊本县就是这样的地方，那里具有这些条件。

  日本的工业生态系统是很丰富的。即使像设备制造商这样的大树倒下，只要土壤丰饶，森林的再生仍然是可能的。相反，在贫瘠的土地上，植树无法形成森林。可以移植的是大企业这棵大树，但不能移植的是支撑大树的土壤本身。我们不能只看到树而忽视了土壤。

  在我思考这些问题的时候，我看了 NHK（日本广播协会）特别节目《超进化论》（2022 年 11 月 6 日播出），然后，一切豁然开朗了。

---

① 这里指已开发过的，且容易进行再投资的土地。——译者注

3 超进化论——孕育多样性的机制

那些具有生存优势的个体将生存下来并留下后代。换言之，这个世界是充满竞争的，弱者无法生存。

关于自然界的规则，自达尔文提出进化论之后，已经过去了160多年。最前沿的科学正在努力揭示生物隐秘的进化机制。

这个机制不仅仅是竞争，还有相互间支持和合作的规则。

覆盖全球的植物，以其鲜艳多彩和生机勃勃的状态存在。陆地生物的总重量有470千兆吨，其中有95.5%是植物。这些体积庞大的植物在经历了一个巨大的转折后，实现了令人惊叹的进化。

50亿年前的地球，陆地是一片荒凉的大地。4.5亿年前，植物的祖先从海洋来到陆地。这片新天地的植物，大约在4亿年前覆盖了陆地。然而，那时的植物还缺少一样东西——再次提出第一章的问题。

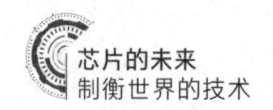

在恐龙存在的白垩纪（1.45亿年前至6600万年前），那样东西出现了，并引发了一场改变地球的大革命——陆地生物种类数量剧增。

在白垩纪之前，物种数量可能只有现在的1/10。然而，自白垩纪以来，生物种类数量开始爆炸式增长。

引发大革命的东西是什么呢？

那就是花。

花可以利用花粉吸引昆虫，然后给予昆虫花粉，以换取昆虫帮助传播花粉。也就是说，它们建立了"共生"关系。

自从在陆地上出现以来，植物一直是被昆虫单方面捕食的，这已经持续了3.5亿年。然而，花的出现引发了一场巨大转变，花开始利用对其造成伤害的昆虫。这个转变成了加速生物进化的契机。

某种植物进化成了特殊的形状，昆虫也为了适应这种植物而改变了自己的形状。还有的植物为了防止昆虫跑去其他地方，有了鲜艳的颜色。然后，昆虫为了准确无误地找到花，获得了飞行能力。

互相推动对方进化的"共进化"现象就这样发生了。

于是，森林变得更加丰富，以花为食的昆虫吸引了更多的哺乳动物，而由花形成的果实促进了灵长目动物的进化。

这里，我的想象开始飞翔。

不久之后，花获得了新的能力。

那就是世代交替的速度。花将从授粉到受精所需的时间从一年缩短到几个小时。这加速了所有生物的进化过程。

$$y = a(1+r)^n$$

这是复利计算的公式。其中，r 代表利率，n 代表投资次数。即使本金 a 较小，但如果坚持长期投资，未来价值将会大幅增长。

如果将 n 替换为 $1/t$，这个公式就成为数字经济的基本公式，其中 t 代表开发的周期时间。这个公式适用于芯片的性能提升，也适用于公司的增长。

换句话说，高速循环且不断进行改进，是数字经济的成长策略。相比于单次改进率（r），更重要的是增加改进次数（n），也就是缩短开发周期时间（t）。

敏捷开发就是这个道理。

让我们回到原来的话题。

由于花和以花为食的昆虫多样化，哺乳动物也开始多样化。此外，由花生成的富含营养的水果也加速了我们祖先，或者说灵长目动物的进化。

如果没有花，我们如今看到的这个鲜艳且充满生命力的地球可能就不会存在。

植物经过数亿年时间发展，还建立了另一个世界，那就是森林的地下世界。

植物根部的末端连接着被称为菌丝的细丝状菌类。菌丝不仅包裹在植物根部的周围，还会渗透到根的内部，并与之一体化，密密麻麻地覆盖在土壤中。森林中的植物都与这些菌丝紧密连接，共同生活。植物通过根从土壤中获取氮、磷等养分。但是，根本身的这种能力并不充足。

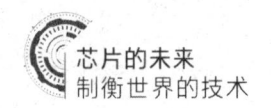

大部分养分是由真菌从土壤中吸收，然后输送给植物的。

作为回报，植物将光合作用得到的养分分给菌丝，从而形成了一种密不可分的共生关系。

菌丝至少可以生长到几十米的长度，通过菌丝和菌丝之间的连接，森林中的树木也相互连接起来。

这个隐藏在地下、连接树木的巨大菌丝网络有着令人惊奇的功能。

也就是说，通过光合作用制造出的养分被运送到根部，然后通过菌丝传递到其他树的根部。这样，阳光照不到的树也能得到养分。

菌丝网络可以从健康的树木向那些因为无法进行光合作用而即将死去的树木传送养分，帮助它们生存。这就是一个真正的帮助弱者的网络。

不然，那些在大树下没有阳光照射到的小树是如何生长的呢？

那些在大树林中新生的幼树，如果什么都不做的话，可能要在黑暗的阴影下忍受数十年甚至数百年。然而，在此期间，幼树可以通过地下的网络获得生存所需的养分。这就是小小的生命在黑暗的森林阴影中慢慢成长的方式。

此外，常绿树和落叶树之间也存在双方的养分交换。

在夏天，充分进行光合作用的落叶树会将养分共享给附近的常绿树。到了秋天，反过来，常绿树又会向失去叶子的落叶树传送养分，好像在相互扶持对方度过严苛的季节，相互分担和分享着。

过去，人们经常认为某处植物与邻近的植物争夺光和养分，也就是进行竞争。然而，实际情况完全不同。它们通过网络建立了强大而紧密的合作关系，从而构建了稳定的生态系统。

这个隐藏在森林地下的互助世界，正是覆盖了地球的陆地之王——植物，这是它们一直以来珍视并保护的生存方式。

相比竞争，互助更能保持生命的延续。现在，这个地球上充满了这样的生物。

日本的半导体产业一直在致力于培育"森林"，如今这种努力正得到世界的认可。除了竞争，产业生态系统还产生了共生和共进化。在日本的文化和社会中培育的这种生态系统，正准备在国际合作中重新焕发活力。

台积电正在筹建位于日本熊本县的新工厂，随之而来的是各种各样的附属投资。日本的材料和制造设备的供应商为台积电的制造提供了支持，形成了一个产业生态系统。巨大的树木出现，就可以让地下的网络重新焕发青春。

此外，日美合作下诞生了Rapidus。为了探索微观世界，新材料的研发和制造设备的研究活动正在活跃开展。

美国和中国擅长将模块组合成大型系统，日本则擅长进行细致精密的配合，精细地满足客户的多样化需求。通过国际合作，双方的优势都得到了发挥。日本正与世界一起进化，一个新的时代大幕正在开启。

因此，关键词是国际合作、国际人才流动、网络、共生和共进化。

在这个将多种器件3D集成到一个封装中的时代，我们将在这个封装中创造一座什么样的"森林"呢？

4　新芽——传给下一代

2022年12月19日的早上，涩谷。

我走过像蚂蚁巢穴一样复杂的地下通道，跟着路标走，最终到达了目的地的高层建筑。在这座建筑23楼的会议室里，我可以俯瞰下面的涩谷街头。那些在学生时期我所熟悉的每一个角落，如今已经发生了翻天覆地的变化。

谷歌和东京大学d.lab共同举办的"第二期半导体电路设计实践研讨会"，吸引了55名学生参加。

我问了一位正在研究天文物理学的博士研究生为什么参加会议。

他说："我用超级计算机处理大量的数据，我需要尽可能多的高性能计算资源。"

还有几位在东京大学驹场校区学习通识课程的大二学生也参加

了。我问了其中的一个女同学为什么参加会议。

她说："我去本乡（东京大学本校所在地）的时候，我想学习量子计算机，在此之前我想了解经典计算机，所以我参加了这个会议。"

医学系的学生、经济学部的学生、跨学科信息学部的学生也都有参加。

在传统的课程中，学生们首先学习电子电路，然后学习半导体设备和集成电路，接着在大学四年级或研究生一年级时进行芯片设计的实践练习。

然而，当天来参加学习的学生们没有这些预备知识，他们只是带来强烈的好奇心。只要会用电脑，会写程序，他们就可以参加这个研讨会。如果因此产生了兴趣，他们就可以去学习电子电路和集成电路。

我们要让高职和高中的学生也能来参会，让这成为一项比赛，举办全国大赛。在这里，胜出的是创新的想法。我们要让半导体成为每个人都可以使用的工具。

参与者们排队参观芯片，他们的眼神充满好奇，我的内心也充满信心。

究竟什么是能让半导体开出超级进化的"花"？寻找答案的旅程即将开始。

【专栏】IMEC 强大的秘密

IMEC 是一个进行半导体研究的独立国际机构,专门进行半导体研究。如果说台积电是半导体制造的领跑者,那么 IMEC 就是半导体研究的领跑者。

IMEC 总部位于比利时的鲁汶市,雇用了来自 90 多个国家和地区的 5000 名研究人员。

由于 IMEC 不是大学,所以无法授予学位。尽管如此,它仍然拥有 800 名博士研究生,原因是它提供了全球最先进的试验生产线和评估设备。此外,生活费、住宿费、医疗保险和单程旅费也由 IMEC 承担。

在 IMEC 进行试制和评估的技术会在世界上广为传播,因此,才会有 550 家公司提供大量的联合研究费用,并派遣一线研究员到 IMEC 做研究。

IMEC 年总收入为 4.2 亿欧元，其中 80% 的收入来自海外企业。

尽管参与的企业是赞助者，但它们不能参与 IMEC 的管理。IMEC 的高级管理层会不时去各个公司，听取它们的需求，并迅速灵活地作出响应。

也就是说，IMEC 拥有出色的研究生态系统，吸引了全球的智慧，并从企业那里筹集资金。在保持中立的同时，IMEC 能灵活地满足客户的需求，由全球人才组成的团队能快速解决问题。因此，它会吸引更多的投资，然后再投资于人力和设备。这样就形成了一个持续增长的良性循环。

这就是一个以"共生"和"共进化"激发创新的"研究森林"。

IMEC 的力量究竟源于何处呢？为了了解这一点，我们需要先理解比利时。

比利时是一个位于欧洲十字路口的小国。

它一直受到德国、法国、西班牙、奥地利、荷兰等大国的统治和压迫。同时，比利时自身也分裂为说荷兰语的东西佛兰德地区和说法语的瓦隆地区。

因此，比利时希望保持中立。为此，比利时有时甚至不介意向邻国展示服从的姿态，这也算是一种老谋深算。欧盟的总部就设在比利时的布鲁塞尔，可能也是因为这种中庸的精神。

比利时的学术中心是天主教鲁汶大学（KUL）。该校成立于 1425 年，被认为是世界上现存最古老的天主教大学。

罗杰·范·欧弗斯特雷登（Roger Van Overstraeten）曾经在

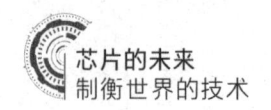

这所大学学习微电子学，之后在斯坦福大学获得博士学位，1968年成为天主教鲁汶大学的教授，并于次年在比利时建立了第一个洁净室。

大学只能拥有小型洁净室。要建立一个合格的洁净室，只能是大学间共享利用的模式。他就是这样认为的。

1982年，佛兰德地区为了加强微电子工业，制订了一项全面的计划，并根据这项计划在1984年成立了非营利组织IMEC。然后，罗杰·范·欧弗斯特雷登教授被任命为首任所长。

IMEC的成立宗旨中写道："在微电子、纳米技术、信息通信系统的设计方法和设计技术方面，进行领先产业界需求3～10年的技术研发。"

这样，IMEC就作为一个大学之间共享利用的微电子研究所，以大学研究人员为核心，从70人左右的小型团队开始了。

1999年，吉尔伯特·德克莱尔（Gilbert Declerck）教授接任第二任所长，这为IMEC带来了转机。

他考虑将研究转化为商业。

这个大转变在他的周围引发了很大的不满。然而，IMEC从此有机会开始大步向前发展。

德克莱尔曾在日本上智大学学习，他开始尝试与日本企业合作。

同时，非常幸运的是，荷兰的飞利浦公司也正好在佛兰德斯地区的埃因霍芬（Eindhoven），他也开始与那些和飞利浦公司有交易的海外企业进行合作。

第六章 超进化论

荷兰的光刻设备制造商阿斯麦（ASML）是飞利浦公司的半导体部门（现在的NXP半导体）和ASM国际投资创办的合资公司，与IMEC一样，也是在1984年成立的。

刚成立的阿斯麦，在市场份额上远远落后于尼康和佳能等先行者。与日本企业一心一意的自主性相对，阿斯麦通过在IMEC与各种制造商合作，加速了开发进程。例如，在IMEC试制的生产线上，阿斯麦可以让半导体设备制造商使用正处于开发初期的光刻设备，从而获得大量的反馈。

通过与聚集在IMEC的全球半导体设备制造商合作，它们迅速成了用户友好的平台，这为当下阿斯麦的成功铺平了道路。

2009年，吕克·范登霍夫教授成为IMEC首席执行官。他的专业是光刻，这可能也间接促成了阿斯麦的EUV光刻设备开发的成功。

IMEC能够赢得世界支持的原因是，它的研究和开发策略直接与实际业务关联，这在现在看来是理所当然的。

例如，它尽管做研究，却倾向于追求"二次研磨"。IMEC既不去做首创研究，也不强硬地抢夺领导权，而是尽力与所有人友好相处，避免树敌，努力提高自身的实力。当你回头看时，你会发现，它已经不知不觉地站在了世界的顶端。这与在商业中使用的策略是一样的。

用一句话来说，IMEC的魅力就是客户导向。

为了实现这一点，IMEC坚持保持中立的立场。IMEC从世界各地筹集投资，逐步降低政府补贴的比例，并且不让赞助企业参与

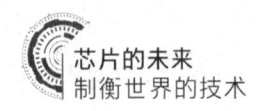

运营，以此提高其中立性和独立性。

IMEC 在合约和研究主题的设定上非常灵活和易于调整。只要你坐下来提出要求，IMEC 就会超越规则，尽力满足你。这就是建立信任关系的关键。

当然，IMEC 可能会优先考虑大型有实力的企业，但是对于寻求主导权的公司和中小企业，也会灵活应对，而不是拒之门外。那些没有人预想到会有发展机会的技术，反而非常有可能在未来会有很大的发展，所以这种策略是完全符合理性的。

"为什么 IMEC 要与 d.lab 合作？"

当日本媒体这样询问 IMEC 首席执行官吕克·范登霍夫时，他回答："因为它有与我们不同的想法。"

这体现了 IMEC 重视多样性的态度。

推进与学术界合作的 IMEC 执行副总裁约·德博克是磁性材料的专家。我曾与他一起在东京根津的一座古老民居中，一边吃着乌冬面，一边讨论两国的文化。

总的来说，两国人民有很多相似之处。

注　释

第一章　一阳来复

1. 有数字化和横向一体化滞后等涉及战略的因素。

垂直整合是一种商业模式，从产品的开发到生产、销售，从上游到下游的过程全部由一家公司进行整合。横向一体化则是另外一种商业模式，其中产品的核心部分由自己的公司制造，其余部分则外包。

半导体业务本质上是垂直整合的。这是因为它要求从设计到制造进行综合优化。然而，20世纪80年代，专用逻辑芯片ASIC的诞生以及设计和制造的接口——EDA和PDK（工艺设计套件）的创建，使横向一体化成为可能。

在工厂建设所需的资本不断增加的情况下，1987年，专业代工厂台积电成立。台积电通过消除与客户的竞争关系赢得了客户的信任，将成功的要素归结为"在合适的时间、合适的地点正好被需要的合适的商业模式"（《华尔街日报》，2021年6月19日）。

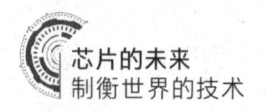

像存储器等通用芯片仍然采用垂直整合的模式。而近年来，由于逐渐难以实现逻辑芯片的微缩，晶体管结构也发生了重大变革，变为 FinFET 或 GAA，这使得设计和制造的共同优化（DTCO）成为迫切需求。我们可以将其类比为在白色画布（工厂）上无法自由绘制图画（设计），因此必须准备与要画的图相匹配的画布。构建制造生产线，成为与客户共同合作的工作。但这样的合作只能在少数大客户之间实现，这增加了工厂的经营风险。因此，商业模式是需要不断修正的。

2. 半导体技术，毫无疑问，是支撑数字化、脱碳以及确保经济安全的关键技术。

半导体是一种具有介于导体和绝缘体之间性质的物质，能够控制电流。1947年，晶体管被发明出来，它的名字来源于在输入和输出之间的传输电阻。晶体管泛指一切以半导体材料为基础的单一原件。通过精确的控制，晶体管可以放大信号，也可用作开关。将半导体开关大规模集成在一起就构成了逻辑芯片。

在半导体出现之前，真空管被用于电子电路。真空管通过加热电极使电子放射到空间，并控制电子的流动，但电极会逐渐变细，最终像灯泡一样熄灭。半导体在固体内部无须加热即可控制电子流动，因此具有高耐久性。芯片是固态电路。

半导体的制造涉及多个供应商，交货可能需要几个月的时间。半导体短缺类似于交通堵塞中无法突然加速或停车一样。满负荷的生产线无法立即适应需求变化。半导体被应用于各种与电有关的产品。即使像用于汽车雨刷控制这样的低价半导体发生短缺，也将导

注 释

致汽车无法制造完成。半导体供应短缺会对经济产生重大影响。这也是半导体被视为经济安全保障战略物资的原因之一。

3. 为了进一步推动这种有助于增强地方经济活力的投资，我们在最近的追加预算中新增了 1.3 万亿日元的预算。

半导体产业的投资竞争日益激烈。美国通过了一项法案，在未来 5 年内将拨款 527 亿美元。作为回应，中国政府宣布了在未来 5 年内投入超过 1 万亿元的对策。欧盟也公布了一项将在 2030 年之前投入 430 亿欧元的法案。在日本，半导体相关的预算是，2021 年度为 7700 亿日元，2022 年度为 1.3 万亿日元左右，这些都被列入了经济产业省的追加预算。

正如本书所述，半导体的开发需要持续的投资。日本政府也在考虑制定框架，以持续不断地支持半导体产业。这其中包括基于《经济安全保障推进法》的框架，以及公债 [暂时称为 "GX（Green Transformation）经济转型债"] 的框架。

《经济安全保障推进法》于 2022 年 5 月在日本国会获得通过，并确立了关于 "特定重要物资" 获得稳定供应保障的基本方针。半导体也被列为 "特定重要物资"。私营企业可以制订 "特定重要物资" 等稳定供应计划，并经相关部长认定后获得国家政策的支持。

另外，关于公债的框架，为了实施面向 2050 年 "碳中和" 的绿色增长战略，将经济和社会的产业结构从以化石燃料为中心转向以清洁能源为中心，彻底改革经济社会体系，日本政府于 2022 年 7 月成立了 GX 执行会议。在此框架下，建立推进 GX 所需的公债框架，并考虑未来资金的保障，目前相关讨论正在进行中。半导体

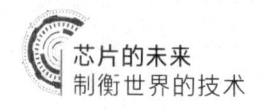

既被视为战略物资，也被期待成为推进绿色增长的重要物资。

4. 此外，Rapidus还将与欧洲的IMEC合作，以期在21世纪20年代后期实现大规模量产。

IMEC是全球最先进的半导体研究机构，雇用了2700名研究人员，拥有800名博士研究生。尽管IMEC不授予学位，但IMEC为研究人员提供了最先进的试制线和评估设备。除了欧洲的鲁汶大学外，IMEC还吸引了来自世界各地的研究人员和学生。

在IMEC进行的技术试制和评估会在全球范围内得到广泛传播。因此，有550家企业提供大量的共同研究资金，并派遣顶尖研究人员到IMEC进行合作。IMEC总收入的80%来自海外企业。这些收入被用于投资人才和设备。

IMEC的成员虽然是利益代表，但是不能参与管理。人数不多的高管会与来访成员单位进行交流，听取他们的需求，并灵活且迅速地满足他们的需求。他们负责收集市场需求，然后由全球人才组成的团队将其付诸实践。也就是说，IMEC拥有丰富的生态系统，吸引着全球的智慧，并通过"共生"和"共进化"创造创新（参见第六章专栏"IMEC强大的秘密"）。

5. 建设数据驱动型社会——社会5.0所需要的高算力。

根据日本内阁府发布的《第五期科学技术基本计划》，社会1.0是狩猎社会，社会2.0是农耕社会。第一产业，即农林水产业是劳动密集型的，"勤勤恳恳、踏踏实实工作"是成功的关键。

社会3.0是工业社会，社会4.0是信息社会。第二产业，即制造业是资本密集型的,"做大就是优秀"是成功的关键。日本实现了工业化,但大量消费增加了环境负担,限制了增长,并扩大了社会差距。另外,在发达国家,人口减少已经成为一个问题。

即将到来的社会5.0是以人为中心的社会。第三产业,即服务业是知识密集型的,"共同贡献智慧"是重要的。知识创造价值,全民参与的社会,是追求包容性的社会。包容性指的是"完全包容的",即使我们每个人都有许多不同之处,如种族、性别等,但是在一个社会中,只要这些差异得到承认,每个人都能获得知识,并获得平等的机会。这样的社会就叫作包容性社会,有时也被称为共生社会。

6. 负责计算的通用处理器的能效在过去10年内仅仅提高了几十倍。

微细化可减少电路中的电容元件,从而降低功耗。逻辑芯片每隔两年就进行一次世代交替,可以减少约30%的电力消耗。换句话说,在10年内可以将电力消耗降低到现在的17%左右。通过微细化和设计上的创新,电力效率得到了1个数量级的改善。

芯片消耗的电力会转化为热量释放出来,如果冷却跟不上,电路的一部分将不得不被临时切断电流。被切断电流的部分被称为"暗硅"(Dark Silicon)。随着微细化的进行,暗硅的比例也在增加,在5纳米工艺下甚至可能达到80%。这意味着尽管可以集成更多的晶体管,但能够使用的功能和性能可能仅限于部分。因此,电力效率的提升将有助于提高性能。

逻辑芯片不断进行着世代交替,从40纳米、28纳米、20纳米、

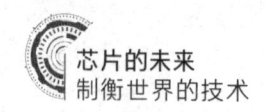

16纳米、10纳米、7纳米、5纳米一直到3纳米。而日本的工艺在40纳米就停滞不前了。目前，位于熊本的台积电工厂正在努力实现从28纳米到16纳米的制造。而2纳米技术将是从16纳米基础上开始计算的第五代工艺，相较于16纳米，其电力效率将提高1个数量级。如果能在相同的电力下使用，性能将提高至原来的10倍，反之，如果保持相同性能，电力消耗则减少为原来的1/10。Rapidus之所以将最先进的2纳米工艺定为生产目标，其中一个原因就在这里。此外，Rapidus还计划跳过失去的FinFET时代（从16纳米到3纳米），直接进入2纳米开始的GAA时代，以实现技术的追赶。

7. 通过3D集成，我们可以将数据传输距离缩短接近1个数量级，从而大大减少数据传输所消耗的能量。

当物体受到重力作用而下落时，势能转化为动能，通过摩擦和碰撞变成声音和热量，从而消耗能量。同样，电子随着电场移动时，电路的电阻产生热量，从而消耗能量。

微细化可以减少芯片内所需的电荷量，但不能减少芯片间数据传输所需的电荷量。将封装在不同封装材料中的芯片堆叠在一起，可以将数据传输距离缩短到原来的万分之一。这将大大减少数据传输所需的能量消耗。

我们可以通过在后工序中堆叠芯片来实现实用化，但最终在前工序中直接连接晶圆或芯片也将成为可能。前工序和后工序正在逐渐融合为一体。

注　释

8. 然而，花的出现彻底改变了地球。

花的出现引发了植物和昆虫之间的"共生"和"共进化"，森林变得丰富，动物繁衍，灵长目动物也获得蓬勃发展。（引自 NHK 特别节目《超进化论》中有关植物的信息）。

9. 在人们的智能手机中，几千亿个晶体管正在进行着数百万次开开关关的操作。

通过在电源和地线之间连接工作方向相反的两种开关，从而形成一个栅极。当将低电压（以下简称为"0"）输入栅极时，电源端的开关将打开，地端的开关将关闭，从而从栅极输出高电压（以下简称为"1"）。同样，当将高电压（1）输入栅极时，将从栅极输出低电压（0）。

将第二个栅极的输出连接到第一个栅极的输入，并将其输出返回到第一个栅极的输入，就能将 1 存储在第一个栅极的输出中。这样就可以创建内存。通过巧妙地设计电流路径，即电路，可以实现信息的存储和计算。

通过对图像传感器输出的数字信息进行类似的数字处理，我们就可以拍摄照片和存储照片。

智能手机集成了数千亿个晶体管。假设其中的 1% 被使用，那么在现场的 100 台智能手机中，就会有数千亿个半导体的开关动作。在每秒 10 亿次的时钟同步下，如果数次时钟脉冲下就有 1 次开关动作的话，那就相当于每秒都有数亿次的开启和关闭。

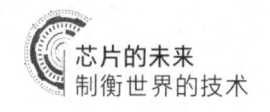

第二章 卷土重来

10.不过，仅仅依靠固有的策略是难以挽回失去的30年的，预见竞争舞台的第二幕并提前投资是很有必要的。这就像剑道中的"先机者制人"。

分析日本半导体行业的落后原因，以及如何才能迎头赶上。这个落后，如果用一种淡然的心态，只能说是国运使然。随着日美关系从摩擦转变为合作，日元从升值到贬值，形势正从逆风变为顺风。现在可以说又是国家命运的分歧点。

"铁是国家之本"的说法来源于19世纪，来自通过武力统一德国的俾斯麦的演讲。21世纪是否会被称为"半导体是国家之本"呢？

11.然而，15年过去了，根据摩尔定律，芯片集成度提高了3个数量级，但是设计无法跟上。于是，专用芯片的时代结束了。

摩尔定律并非自然法则，而是产业的节奏。

半导体产业是一个大规模的技术集成体。产业链从上游到下游的纵深很深，幅度很广。技术发展需要产业界保持步调一致。这类似于2万双脚协力前进，而不是两人三足跑。因此，为了保持互相之间的同步，产业界制定了技术路线图。

即使制造商A在竞争对手B之前完成了新一代产品的更替，制造商A的顾客也不会想到这一点，并以此来制订自己的业务计划。此外，依赖单一制造商会导致供应不稳定，因此往往会向多个制造商订购产品。所以，自然而然地，产业界就形成了一种节奏。

注 释

能够提供先进技术的制造商数量近年来有所减少，而寡头垄断会破坏节奏。这是摩尔定律终结的前兆。

12. 要想产生创新，必须保持乐观，必须不畏惧危险，追求变革，必须离开安逸之处，踏上冒险的旅程。

关于创新，温斯顿·丘吉尔留下了这样的话："悲观者会在每一个机会中看到困难，乐观者会在每一个困难中看到机会。"

13. 计算机发展的逻辑和前景是大量生产处理器和内存等硬件，并通过软件将其应用于各种用途。半导体业务的正确路径就是大量、低价地提供处理器和内存。

计算机采用由处理器和存储器组成的冯·诺依曼架构，因此，处理器和存储器的半导体市场将变得巨大。大规模生产标准化的芯片，以追求经济效益。于是，经过激烈的资本竞争，半导体业务走向寡头垄断。在处理器领域，英特尔占据了7万亿日元的市场份额；在存储器领域，三星占据了7万亿日元的市场份额。

14. 日本在设备创新方面胜出，但在资本竞赛中落败。

1988年，日本半导体在全球市场的份额高达50%。日本的半导体主要用于电视、录像机等民用设备。日本企业在利用模拟技术提升物理空间的便利性方面表现出色。

随后，个人电脑和智能手机时代来临，需要在数字技术方面开拓虚拟空间。这是美国的强项，而日本陷入苦战。

未来，物理空间与虚拟空间需要高度融合。在获取物理空间信

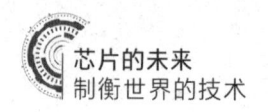

息的传感器和对物理空间进行控制的马达控制方面，日本企业很值得期待。在模拟技术领域，质量的提高是通过各种技术的磨合来实现的；在数字技术领域，规模的扩大是通过模块的组合来实现的。前者是日本的强项，后者是美国的强项。这种特点的差异可能与均质社会和多元社会之间的差异造成了不同的国民性有关。

15. 因此，通用芯片时代是从设备创新开始的，在资本竞争中结束，而专用芯片时代是由设计创新揭开序幕的，在摩尔定律下落幕。

对于半导体制造商来说，利润是由使用同一掩膜进行大规模生产而产生的。对于半导体用户来说，获得专为自己定制的芯片，会增强他们的产品竞争力。在这两个看起来相互矛盾的需求之间，激烈的市场竞争和技术创新产生了两个时代，这两个时代的变迁就如同钟摆在摇摆。

当新市场的先行者在市场上开始获得批量生产利润时，拥入该市场的参与者就会急剧增加，导致过度竞争，价格下降，利润消失。最终，只有赢得了体力消耗战的人，才能获得市场垄断地位。

反观竞争中败下阵来的人，或将去追求满足客户需求的定制设计技术。并且，他们会引发技术创新，打开定制时代的大门。

20 世纪 80 年代，EDA 技术开启了专用芯片时代，从晶体管到栅极、逻辑电路，以及提高设计抽象级别，来应对日益增加的设计复杂性。

然而，即使是最好的算法，也最多只能处理 $n\log(n)$ 数量级的问题。由于摩尔定律使集成度在 10 年内增长了 100 倍，设计最终无法跟上，多样化开发时代即将结束，再次进入通用时代。

从2000年到2020年，通用时代持续存在。然而，能源危机打开了专用时代的大门。由于摩尔定律正在放缓，所以专用时代可能会持续得更久。

16. 在这些限制下，只有那些能够将能效提高10倍的人，才能使计算机的性能提高10倍，使智能手机的使用时间延长10倍。

通过微细化可以减小电路的容量值，从而降低电路的能量消耗。

CMOS电路通过打开电源侧的开关来充电并输出"1"，或者通过将地端的开关打开，放电并输出"0"。

当将电压 U 施加在电容 C 上时，将蓄积 $Q=CU$ 的电荷。当这些电荷从电源端移动到地端时，将消耗 $E=QU$ 的能量。换句话说，CMOS电路的能量消耗为 $E=CU^2$。

智能手机电池的容量约为3000毫安时，锂电池的输出电压约为3.7伏特，因此，每小时储存了4万焦耳的能量，即3安培×3.7伏特×3600秒≈4万焦耳。

假设拍照时芯片消耗了10瓦特的电力，持续1秒钟。在这种情况下，拍摄一张照片将消耗10焦耳的能量，因此拍摄4000张照片将耗尽电池。

17. 专用芯片所需要的不是资本力量，而是学术力量。就像加州大学伯克利分校曾经创造了自动生成布局和逻辑的技术一样，现在需要的是能够自动生成功能和系统的学术创新。大学在其中扮演的角色越来越重要。

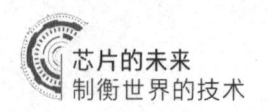

将电路块放置在指定区域内,并按要求连接各个块的端口的问题,是一个极其复杂的组合优化问题。

如果块的数量是 10 个,则排列方式是 10 的阶乘,也就是 360 万余种,因此可以利用计算机检查所有情况。

然而,如果块的数量增加到 100 个,则排列的数目超过 157 位数。这时候只能放弃全搜索,而是需要找到一种在某种程度上接近正确答案的方法。人们已经开始使用诸如最小割定理(Mincut)之类的算法,或者诸如模拟退火(Simulated Annealing)之类的近似计算方法。

当块数增加到 1000 个时,排列数超过 2500 位数。这是一个比 360 位的围棋还要大得多的空间。然而,在围棋领域,已经创造了能够胜过专业人士的人工智能技术的谷歌公司,最近还宣布利用机器学习作出了能够超越经验丰富的设计师的设计布局。

18. 要解决社会的能源问题,唯有提高半导体的能源效率。相比通用芯片,使用专用芯片可以将能源效率提高约 2 个数量级。

通用芯片是为普通用途而开发和销售的,而专用芯片则是为特定用途而开发的,但是并不进行销售。以处理器为例,英特尔的 CPU 和英伟达的 GPU 属于通用芯片,而苹果的 M1 和谷歌的 TPU 则属于专用芯片。

通用芯片被设计成每个人都可以将其用于任何目的,因此电路不得不设计得冗余。此外,由于必须保证在过去和未来都能持续使用,历史的尘垢会不断积累。与之相反,专用芯片具有明确的用户和明确的使用场景,因此可以实现最佳设计,能够使能源效率得到数量级的提升。

19. 泥沙被高纯度硅取代。

除了高纯度硅外，半导体还使用了其他多种材料。而且，近年来这些材料的种类急剧增多。例如，在微细化技术的发展下，用于导线的材料需要更高的导电性。过去使用铝，但从2000年开始使用的是铜和钨，未来可能会使用钴。钴是一种稀有金属，在锂离子电池中也需要它。非洲刚果民主共和国拥有全球一半以上的钴产量，因此，这也是会造成供应链不稳定的材料。

第三章 结构改革

20. 减少电力消耗的策略有三个：降低电压（U）、降低电容（C）以及减少开关次数（fa）。

在电子设备中，信息通过电子来传递。对于CMOS电路，用于信息处理的电荷是$Q=CU$。该电荷在电压下降时损失的能量为$E=QU=CU^2$。电力是每秒消耗的能量，然后还需要乘以开关次数，最后得到$P=faCU^2$（f是时钟频率，a是开关概率）。

21. 单块芯片的制造成本计算方法是，把每片晶圆的制造成本除以从一片晶圆上得到的良品芯片数量。

芯片的制造成本主要由芯片面积、良品率和工艺流程的复杂性决定。芯片面积越小，良品率越高，就能从每片晶圆上获得更多的

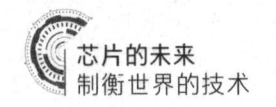

良品芯片。此外，工艺工序越少，制造每片晶圆的成本就越低。

除了芯片的制造成本外，另有芯片的开发费用、封装成本、测试成本和可靠性测试成本，还要加上销售和分销的费用。将这些成本合计后再加上利润，就得到了价格。

22.通过改进光刻和制造工艺技术的方法，器件尺寸实现了微缩。同时，我们可以通过增加晶圆直径和改进制造技术来提高良品率，增加良品芯片的数量。

把方形的芯片从圆形的晶圆上切割出来，会让晶圆周围的部分被浪费掉。那为什么晶圆是圆形的呢？

原因在于，在制造高纯度的硅单晶时，需要在晶圆上涂覆或者进行薄膜沉积而形成一层光刻胶，还需要清洗它。操作的时候，我们需要通过旋转晶圆，以提高光刻胶的纯度和均匀性。

23.如果器件的尺寸和电压都同时缩小到原来的 $1/\alpha$，那么在晶体管内部的电场可以保持不变。

设备的大小用米来表示，电压用伏特来表示，电场强度用伏特每米来表示。了解这些单位有助于更好地理解其中的物理意义。

我们称基于电场效应的晶体管为场效应晶体管。

24.当器件的尺寸缩小到原来的 $1/\alpha$ 时，流过晶体管的电流和电容也将缩小到原来的 $1/\alpha$。因为电流与器件尺寸变化成正比，所以电流变为原来的 $1/\alpha$。而电容则是面积除以距离计算出来的，如果面积缩小到原来的 $1/\alpha^2$,那么电容也会缩小到原来的 $1/\alpha$。

电荷量的单位是库仑(C),电流 I 表示单位时间(单位为 s)内通过导体任一横截面的电荷量,电流单位可以表示为 C/s。

电流 I 可以通过将栅极电场效应所引起的沟道方向电荷密度(单位为 C/m)乘以漏极和源极间电场效应所引起的电子运动速度 v(单位为 m/s)来获得(C/m · m/s=C/s)。

电荷密度通过 $Q=CU$ 计算得来,其中 C 为沟道方向的电容,U 为栅极 – 沟道电压。

沟道方向的电容值不变。在这里,我们假设栅极的长度为 L,沟道的宽度为 W,栅极绝缘层的厚度为 d,单位都是 m,栅极电容可以由公式 $C=\varepsilon(LW)/d$ 计算得来。因此,每个沟道方向的电容是由沟道宽度 W 除以栅极绝缘层的厚度 d 决定的。这意味着即使进行微细化加工,其沟道方向的电容值也是不变的。

电荷密度缩小到原来的 $1/\alpha$。因为沟道方向的电容值不变,再根据上述 23 条在微细化后电压也降为 $1/\alpha$,由于 $Q=CU$,沟道方向的电荷密度与电压成正比,所以电荷密度缩小到原来的 $1/\alpha$。

电子运动速度 v 由源极和漏极之间的电压 U 除以沟道长度 x 决定,即 $v=U/x$。

源极和漏极之间的电场大小不变。由于源极和漏极之间的电场引起的电子流动速度是由源极和漏极之间的电场,即源极和漏极之间的电压除以沟道长度决定的,所以即使进行了微细化,其值也不会发生变化。

电流 I 与电荷密度 × 电子运动速度成正比,即 $I=CU \cdot U/x$,C 为沟道方向的电容,器件微细化后值不变。

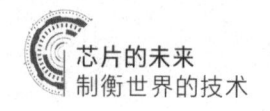

综上所述，器件尺寸为 x，电流 I 与 U^2/x 成正比。再根据上面的 23 条，在微细化后电压也要降为 $1/\alpha$，当器件大小微细化到原来的 $1/\alpha$ 时，U^2 会减少到原来的 $1/\alpha^2$，因此电流也会缩小到原来的 $1/\alpha$。

而电容 C 是由面积除以距离得出的，因此当器件大小微细化时电容也会缩小到原来的 $1/\alpha$。

25. 当电压、电流、电容分别缩小到原来的 $1/\alpha$ 时，电路的延迟时间也缩小到原来的 $1/\alpha$。因为电路的延迟时间可以通过电容乘以电压除以电流计算得出。

CMOS 电路中对负载电容 C（可放大至电源电压 U）充电和放电的电荷量 Q，可以由 $Q=CU$ 得出，而电流 I 是电荷的速度，因此 $I=Q/t$，其中 t 是时间，将这两个等式联立，求解可得 $t=CU/I=RC$。换句话说，CMOS 电路的延迟时间可以通过 RC 时间常数（time constant）来估算，RC 时间常数是电阻 R 和电容 C 的乘积。

因此，当电压 U、电流 I 和容量 C 分别按 $1/\alpha$ 比例缩小时，CMOS 电路的延迟时间就会缩小为原来的 $1/\alpha$。

26. 在这种情况下，电流增加 α 倍，电容缩小到原来的 $1/\alpha$，因此，电路的延迟时间缩小到原来的 $1/\alpha^2$，电路运行速度更快。然而，功率密度急剧增加到原来的 α^3，发热量也相应地成比例增加。

通过 24 和 25 的解释，器件尺寸为 x，则电流 I 与 U^2/x 成正比，容量 C 与 x 成正比，电路的延迟时间与 CU/I 成正比。因此，若电压 U 保持不变，而器件尺寸 x 缩小到原来的 $1/\alpha$，则电流

$=U^2/x=I\cdot 1^2/(1/\alpha)$，增加到原来的 α 倍，容量 $=C\cdot 1/\alpha$，缩小到原来的 $1/\alpha$，电路延迟时间 $=CU/I=t\cdot(1/\alpha)\cdot 1/\alpha$，缩短到原来的 $1/\alpha^2$，从而实现更快的运行速度。但是，功率密度 $=UI/x^2$，在电压 U 不变，器件尺寸 x 缩小到原来的 $1/\alpha$ 的情况下，功率密度是原来的 $\alpha/(1/\alpha)^2$，即 α^3，会急剧增加。

27. 接着，从上方注入与半导体基板中杂质极性相反的杂质，这样，源极和漏极就形成在栅极两侧的半导体基板表面上。

晶体管和连线是三维立体结构。通过使用几十张描述各层平面结构的光罩，重复在芯片表面转印图案，从下到上依次构建三维立体结构。然而，光罩的对准存在误差，因此所制造的截面之间会留下微小的偏差。夹在晶体管的源极和漏极之间的沟道必须尽可能短，且必须位于栅极正下方。因此，为了精确地创建源极、漏极和栅极的位置，此处采用了特殊的制造工艺。也就是说，先制造位于源极和漏极上方的栅极，然后从栅极上方注入杂质。这样，栅极充当遮罩，光罩下方不会注入杂质，在栅极两侧精确地形成源极和漏极。通过这种方式，利用已经形成的图案作为下一个工艺的遮罩，无须对准遮罩即可进行下一步工艺，这被称为"自对准机制"（Self-Alignment）。

28. 接下来只能改变结构。

通过将栅极氧化膜更换为高介电常数的材料，可以在保持电容量的同时，增加物理膜厚度，从而抑制漏电流。这是因为漏电流与物理膜厚成指数函数反比关系。通过改变晶体管的核心部分——栅

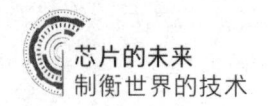

极氧化膜材料，栅极漏电流得到了有效抑制。这一革新性的尝试，有效抑制了栅极漏电。

然而，随着微细化的进展，源极和漏极这两者与硅基板之间产生的结漏（Junction Leak）开始变得明显，最终不得不从根本上重新审视晶体管的结构。

29. 与此同时，杰克·基尔比在1958年发明了集成电路。他使用光刻技术将元件和连线集成到一块芯片上，解决了"大规模系统连接问题"。不久，人们发现硅是制作集成电路的最佳材料。

在洁净室的照明中，为了防止光刻用的光刻胶感光，会使用相对波长较长的琥珀色 LED（发光二极管）。这与照相胶片冲洗室也就是暗房的原理相同。随着微细化的进展，曝光装置开始使用更短波长的光源。当使用 13.5 纳米的极紫外线时，洁净室甚至可以使用白色光照明。

30. 然而，进入 21 世纪之后，自动编码器成功实现了深度学习化，并且由于计算机性能的提高，达到足以支撑深度学习训练的性能。相比传统的信息处理，深度学习显示出了压倒性的处理性能，并迅速被推向实际应用。

GPU 是一种专门用于图像处理的芯片。通过使用输入图像的对应像素值以及该像素周围的像素值来计算输出图像的对应像素值，可以进行各种图像处理（空间滤波）。例如，将 3×3 区域的 9 个像素值分别乘以 1/9 后相加，区域内的像素将被平均化，从而可以对图像进行模糊处理。相反，将中央像素值乘以 9，再将其他

像素值乘以 –1 并相加（也就是减法），中央像素会突出，图像会变得更锐利，从而可以对图像进行锐化处理。这些计算都可以用矩阵来表示，而 GPU 搭载了能够高效进行矩阵计算的电路。

在神经网络中，当轴突输入信号与突触权重系数相乘后的总和超过阈值时，输出信号就会被触发。所以，这里也需要进行重复的矩阵计算。因此，在神经网络计算中，GPU 被广泛采用。

31. 这些公司开发的缩小投影型曝光装置（Stepper）占领了全球市场，并使半导体制造设备的国产化率从 20% 提升到 70%。

在材料和设备制造方面，日本拥有强大的实力。在材料方面，全球有 6 万亿日元的市场规模，日本拥有其中超过 65% 的份额。在设备制造方面，全球有 7 万亿日元的市场规模，日本拥有其中超过 35% 的份额。

日本在 20 世纪 80 年代半导体强盛时期，发挥了综合电机制造商的优势，增强了材料和设备制造方面的技术实力。随着日本的半导体逐渐走弱，它正在通过全球化业务来维持竞争力。此外，与汽车工业相似，形成了具有深度和广度的产业生态系统，这也将继续在日本国内得到维持。

日本的优势在于，能够从多个复杂参数的复杂系统中，通过经验和直觉找到最优解，这些经验和直觉中包含的隐性知识和诀窍需要在一线经过不断改进和磨炼来获得。从本质上讲，新材料的开发成功率较低，被称为"千里挑三"，也就是说 1000 个里面有 3 个就很好了。此外，他们不惜一切地按照每个客户需求来定制，按客户的要求来"磨合"产品。换句话说，诚实的制造、质量控制、非

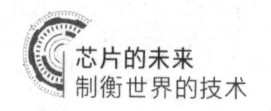

常具有耐心的开发以及全面彻底的满足客户需求的态度等，都很符合日本人特点，而这些方面也成为日本竞争力的源泉。

有人开始探索使用计算机来寻找材料的材料信息学（MI）。材料信息学对于日本来说是威胁还是福音？也有人指出材料信息学会让实力强的公司变得更强。

32. 然后，我们应该追求总体优化，而不是部分优化，在从设计到设备、制造、装置和材料的学术上发起全面动员。

微细化变得越来越困难，随着晶体管的结构正发生逐渐转向 FinFET、GAA 等的重大变革，进行设计与制造的共同优化（DTCO），甚至系统与制造的共同优化（STCO）的需求也变得越来越迫切。

第四章 百花缭乱

33. 仅仅依赖于芯片内部的集成已经无法解决问题，在芯片从 2D 进化到 3D 的今天，我们更需要创新性地为"连接问题"提供解决方案。

逻辑芯片、DRAM 和 NAND 闪存方面，对器件的要求截然不同。逻辑芯片需要高速运行的晶体管，DRAM 需要泄漏电流较小的电容器，而 NAND 则需要能捕捉电子的超薄的薄膜。

例如，如果在同一晶片上制造逻辑芯片和 DRAM，则必须同时制造高速晶体管和高性能电容器。如果逻辑芯片和 DRAM 的占用面积相同，则逻辑区域中高性能电容器的制程将造成浪费，而在 DRAM 区域中，高速晶体管的制程也将造成浪费。

总的来说，分别制造逻辑芯片和 DRAM，并将它们安装在邻近的地方，可以比在同一芯片上集成的成本更低。

34. 这种方式是在芯片的布线中绕制线圈，根据数字信号改变线圈中的电流方向来改变磁场方向，并在另一芯片中检测线圈中产生的信号极性，以将其还原为数字信号。

线圈很早开始就被用于模拟电路的振荡器等中。为了使设计师无意中造成的电容和电阻尽可能小，一般布局会相对较大，并且在一块芯片上布置 10 个以上的情况并不多见。

对于磁耦合通信来说，由于它是数字电路，所以即使存在一些设计师无意中设置的电容和电阻也没关系。我们可以使用多层布线来进行小型布局。其他布线穿过线圈或在线圈下方放置其他电路也没关系。芯片上甚至可以配置 1000 个以上的线圈。

35. 当大脑连接到互联网时，正如牛津大学教授马特·里德利（Matt Ridley）在《理性乐观派》（*The Rational Optimist*）中所述，连接的人口越多，创新发生的概率就越高，这种创新的观念会遍布全球吗？

互联网使瞬时空间移动成为可能，人们可以在在线会议中走遍世界各地。然而，时差问题仍然存在。在世界各地参会者会集的会议中，深夜或清晨举行的情况并不少见。

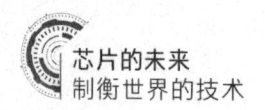

那么，如果大脑能连接到互联网，时间的障碍也能克服吗？夜间举行的会议，可以像平常一样入睡后，按照会议的举行时间调整脑波，并在REM睡眠（快速动眼睡眠）中参加。在REM睡眠期间，身体的骨骼肌肉是松弛的，并处于休息状态，但大脑是活跃的，处于觉醒状态。此时的大脑活动甚至比白天更为活跃，头脑更为清晰，讨论也可能更富有成效。

问题在于，参会者在第二天早上可能不记得发言内容。他在查看会议记录时可能会对自己的发言感到惊讶。那时候，他可以找借口说："我当时睡糊涂了。"

第五章 民主主义

36. 在最简单的冒泡排序算法中，O 与 n^2 成正比，计算时间复杂度为 $O(n^2)$，而在使用分治法的快速排序中，O 与 $n\log_2 n$ 成正比，大大缩短了计算时间。

在搜索领域中，也可以使用分治法缩短搜索时间，将线性搜索的时间复杂度 $O(n)$ 缩短到二进制搜索的 $O(\log_2 n)$。

37. 约翰森的导师是米德。

网上有一段大卫·约翰森为卡弗·米德80岁生日致辞的感人演讲录像。

其中讲述了一个关于布局配色的逸事。在使用米德教科书的美国，红色代表多晶硅栅。但是，当我在东芝工作时，红色代表的是铝导线，所以当时让我感到非常困惑。

38.1988年，我去了加州大学伯克利分校留学。那时的导师是大卫·帕特森（David Patterson）和开发RISC-I的卡洛·塞坎。

卡洛·塞坎教授的研究经历丰富多彩。1965年，他在瑞士巴塞尔大学学完实验物理学后，成为美国贝尔实验室CCD（1969年，贝尔实验室的乔治·埃尔伍德·史密斯和威拉德·博伊尔共同发明电荷耦合原件）的第一人。1977年，他转到加州大学伯克利分校，与帕特森教授共同开发了世界上第一个RISC处理器。1984年左右，他开始研究CAD和计算机图形学，后来还进入了建筑和造型艺术的交界领域。

我曾对他说："教授的生活方式就像模拟退火一样。"

在牛顿法等方法中，由于只朝着改善评价值的方向进行空间搜索，所以有时会因初始值而陷入局部最优点，无法达到实际最优点。而在模拟退火中，却有别于此，它会根据不同温度以相应的概率进行搜索，有时甚至会往评价值变差的方向进行搜索。就像进行退火一样，在高温时活跃地在空间中跳动搜索，但逐渐降温后会逐渐安定下来。

我觉得这与人生有些相通。然而，他却从未平静下来，而是永远在跳动。我说道："教授的情况是，温度一直都没有下降，反而看起来更热了。"他带着顽皮的眼神回答："模拟退火适合静态空间的搜索，但我感兴趣的空间是动态变化的。"

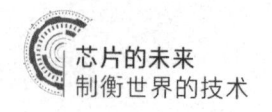

第六章 超进化论

39.也就是说，相对于底部是纳米（10^{-9}）的微小尺寸的探索，顶部是吉（$10^9 = 10$ 亿），甚至是太（$10^{12} = 1$ 万亿）的巨大集成的探索。

集成电路涉及的数字从极小到极大。首先，用于表示小数字的单位有微（10^{-6}）、纳（10^{-9}）、皮（10^{-12}）、飞（10^{-15}）、阿（10^{-18}）。元件的尺寸从微到纳，容量的大小从皮到飞，信号传播的时间从皮到飞都是常用的。电流从微到毫（10^{-3}），而电阻从千（$10^3 = 1000$）到兆（$10^6 = 100$ 万）比较多见。

表示大数字的单位有吉、太、拍（$10^{15} = 1000$ 万亿）、艾（$10^{18} = 100$ 京）。存储器或存储设备的存储容量从吉到太，芯片间的数据传输速率从吉到太，超级计算机的处理能力从拍到艾，流通的数字数据总量已经超过艾。

如此一来，集成电路处理的空间范围之广泛，竟然是多达36个0的天文数字。

后　记

半导体民主主义和芯片战争就像同一枚硬币的正反面。我在这本书中想要描绘的就是半导体民主主义。

19世纪，俾斯麦说过："铁是国家之本。"铁创造了现代城市，产生了战争武器。

现在，各国半导体技术的主导权正在被争夺。"半导体是国家之本。"半导体将创造什么，又摧毁了什么，我们的创新力和智慧正面临考验。

芯片制造商正在为下一代芯片的生产展开激烈的竞争。

然而，半导体已经变成一个越来越庞大的技术堆积体，超过了任何一个企业或国家所能承受的程度。我们应该将其视为全球公共资产。

我们不应该煽动芯片战争，而应该构建芯片网络。

技术日益复杂化，因此，我们不能只看到树，而忽视了森林。培养森林，也就是创建一个丰富的产业生态系统，是我们现今世界面临的任务。在思考这个问题时，植物给了我们启示。

色彩鲜艳、生机勃勃的植物覆盖了全球。今天这样丰富多彩的地球是由一场巨大革命引发的，是因为植物拥有了"花"才引发了

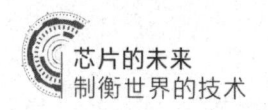

这场革命。

花和昆虫之间形成了"共生"关系，从而触发了"共进化"，两者相互推动对方进化的过程。

花的出现加速了生物的进化。

达尔文提出的进化论认为，那些具有生存优势的物种将存活下来并繁衍子孙。换句话说，这个世界是竞争性的。然而，最新的科学正在试图揭示生物隐藏的进化机制，它们并非只有竞争，而是存在相互支持与合作的，也就是"超进化论"。

为了使"半导体的森林"更加繁荣，怎么去找到"花"显得格外重要。基于这样的思考，我通过这本书阐述了"半导体的超进化论"。

首先，我从"深度摩尔"和"超越摩尔"的视角，阐述了如何制造高性能的半导体。

接着，我从创新的视角，即从"更多人"的视角，去思考高性能的半导体可以创造出什么。

为了将半导体从竞争的时代推进到共生、共进化的时代，我们需要找到半导体的"花"，但是否能找到呢？为了使半导体成为全球公共资产，我们需要的是超越金钱和摩尔定律的东西。

那就是，吸引更多的人一起参与。

这就是"更多人参与"。

在本书的出版过程中，我非常感谢日经 BP 的堀口祐介先生给予的大力支持。另外，我的同事近藤翔午先生也帮助我修订了原稿，我在此对他表示由衷的感谢。

2023 年 3 月